2020年度国家出版基金资助项目；
广州市人文社会科学重点研究基地“广州与中外文化交流研究中心”项目；
中山大学西学东渐文献馆项目。

格致新机

格致新法

〔英〕弗朗西斯·培根／著
〔英〕慕维廉 〔清〕沈毓桂／译
马永康／校注

南方日报出版社
NANFANG DAILY PRESS
中国·广州

晚清西学丛书
主编：梅谦立 周伟驰 姚达兑

图书在版编目（CIP）数据

格致新机 格致新法 /（英）弗朗西斯 · 培根著 ;(英）慕维廉 ,（清）沈毓桂译 ; 马永康校注 . -- 广州 : 南方日报出版社 , 2021.6
（晚清西学丛书 . 第二辑）
ISBN 978-7-5491-2393-3

Ⅰ . ①格… Ⅱ . ①弗… ②沈… ③慕… ④马… Ⅲ .
①哲学理论 – 英国 – 近代 Ⅳ . ① D561.21

中国版本图书馆 CIP 数据核字 (2021) 第 119844 号

GEZHIXINJI GEZHIXINFA
格致新机 格致新法

著　　者：（英）弗朗西斯 · 培根
译　　者：（英）慕维廉　（清）沈毓桂
校 注 者：马永康
出版发行：南方日报出版社
地　　址：广州市广州大道中 289 号
出 版 人：周山丹
出版统筹：谭庭浩
策划编辑：黎　衡
责任编辑：陈　静
装帧设计：邓晓童
责任校对：裴晓倩 魏智宏
责任技编：王　兰
经　　销：全国新华书店
印　　刷：广州市岭美文化科技有限公司
开　　本：889mm×1194mm　1/32
印　　张：8.375
字　　数：169 千字
版　　次：2021 年 6 月第 1 版
印　　次：2021 年 6 月第 1 次印刷
定　　价：38.00 元

投稿热线：（020）87360640　读者热线：（020）87363865
发现印装质量问题，影响阅读，请与承印厂联系调换

总序一

梅谦立

近三十余年来，西学东渐方面的研究已取得了较好的成绩，尤其是晚明清初时段的研究，产生了不少新成果，在学界有不小的影响。从晚明延至晚清民国的西学东渐研究，这是很合理的研究趋势。晚清民国的西学东渐，并非从零开始，而是与晚明有着千丝万缕的联系。其实，在鸦片战争之前，晚明开始引入的西学，潜移默化之间已经渗透进中国社会文化的各个领域。

2006年，在倪梁康教授的领导下，中山大学组建了西学东渐文献馆，其宗旨在于借助广东的地缘优势，进行相关文献资料的收集、整理和研究工作，以推进西学东渐方面的研究。围绕着这一目标，文献馆稳步推进有关工作。比如，目前已连续出版了学术辑刊《西学东渐研究》，共8辑。2015年，文献馆与中国社会科学院周伟驰教授、中山大学姚达兑副教授筹划出版《晚清西学丛书》，侧重于晚清时具有一定影响力但当前还未作整理校注的西学著作。2016年，经广州市社会科学规划领导小组批准，在文献馆的基础上设立了广州市人文社会科学重点研究基地——中山大学广州与中外文化交流研究中心。中心亦随即加入推动落实《晚清西学丛书》的整理和出版计划。2018年，《晚清西学丛书》第一辑（共计七册）付梓。现在，丛书的第二辑亦将印行，包括《劝世良言》《普法战纪》《中西关系略论》《辨学启蒙》《西学略述　西学考略》《格致新机　格致新法》《时事新论》《百年一觉》《富国策》等九册十一种。除了《劝世良言》和《西学略述》在1980年代初曾经出版之外，其他的并没有再版，不易寻觅。这些著作涉及哲学、文学、政治、科学、经济等学科，呈现出晚清时期西学东渐的丰富性，同时对于追溯现代中国的西方哲学、文学、政治学、经济学、自然科学等学科的建立及发展都具有很大的价值。相信这些书的出版，能有助于高校师生和普通读者更为深入地了解晚清知识界的世界视野，以及西方知识在中国的传播过程。

在晚明清初的中西交流中，广州扮演了很重要的角色。延至晚清，尽管上海逐渐兴起，但广州在文化交流上的重要性并没有因此而衰落，在译介及出版方面仍处于领先地位。《晚清西学丛书》第二辑收入的一批曾经产生很大影响的文献，与广州作为中西文化交流的中心密切相关。《劝世良言》为基督新教第一位华人传道人、广东人梁发的著作。此书还收入了稀见的梁发《言行日记》《熟学圣理略论》《真道问答浅解》等。梁发一家曾生活在广州海珠区龙导尾附近。梁氏逝世之后，其墓还曾迁到岭南大学校园中央。《普法战纪》为王韬在香港撰写，在晚清产生了很大的影响，重印数次。《劝世良言》一定程度上影响了洪秀全领导的太平天国运动，《百年一觉》《时事新论》等对康有为、梁启超等维新派产生了巨大的影响。这些著作，提供了理解广东敢为天下先这一改革开放精神的思想背景。这些对于广州（乃至广东的）的历史文化研究，也有着重要的意义。

整理文献不是很起眼的工作，但需要相当的付出。好的整理工作，需要很谨慎，需要做很多研究性的工作。而在当前管理制度下，文献整理很难获得好的“工分”。因此，这一吃力不讨好的工作得以顺利完成，要非常感谢参与本辑丛书整理工作的杨汤琛、叶杨曦、周伟驰、李彬、吕飞跃、肖清和、马永康、王雨、张锦冬、姚达兑等诸位学者的付出，同时也感谢南方日报出版社编辑团队的精心编辑。

此外，本辑丛书获得了2020年度国家出版基金和广州市人文社科重点基地建设项目的资助，特此致谢。

2020年6月8日

总序二

周伟驰

一、晚清西学东渐的译述时期与转译时期

历史上发生过几次大规模的知识传播运动，表现为大规模的翻译运动，如希腊经典被译为阿拉伯语（百年翻译运动），阿拉伯语的希腊经典被译为拉丁语，印度佛典被译为汉文，日本明治维新后对于西方著作的翻译等。明清之际，西方知识开始向中国传播，虽然中间有过停顿，但西学东渐规模越来越大，在晚清呈现上升趋势，到民国达到一个高潮。改革开放后，更是以前所未有的速度快速进行，目前的态势用“方兴未艾”来形容也不为过。“西学东渐”作为一个过程，跟“中学西传”是一体两面。就西学东渐本身来说，在这个过程中，虽然也有少量著作是撰写的，但还是以翻译著作居多，可以说西学东渐是一个翻译的过程。

在明末以来这个生机勃勃的“400年翻译运动”中，晚清占有特殊地位。晚清译介者[1]来源是多种多样的，既有西方传教士也有中国学者，既有教会组织也有政府机构。翻译内容五花八门，从宗教知识到世俗知识，呈现出阶段性的特征。我们可以根据翻译活动的方式是直接翻译还是转译，是合作翻译还是独自翻译，概括地将晚清西学翻译分为两个时期，时间上大致以甲午战争至维新变法为界。甲午战争前是“译述时期”，维新变法失败后是“转译时期”。

［1］本文所说的“西学东渐”是指西方知识在中国的传播，它们有些是通过直接翻译实现的，有些则是由一些人撰写著作实现的。本文重视翻译，但也重视介绍西方知识的著作。一般模糊地称为“译撰”或“译介”，如林乐知、花之安，既翻译又自己撰写、介绍西方的知识。再如一些中国学者，可能在不懂外文或仅是略懂外文的情况下，也编写一些西学著作，如王韬、王炳耀都可以放在西学东渐传播西学范围之下。

从马礼逊来华到戊戌变法失败后，翻译者主要是西方传教士及其中国助手，一般情况下是传教士“口译”，中国助手“笔述”。当然，这时期不是没有个别人士可以单独地进行翻译（如颜永京），但总体来说这样的人凤毛麟角，因此，我们可以把这一时期（1807—1898年）称为“译述时期”。这一时期的翻译者如果受雇于教会，则其翻译内容多为宗教类著作；如果受雇于清政府（如江南制造局翻译馆），则其翻译多为军事科技类著作；如果是自立的学会（如广学会），则人文社科类著作会多一些。

“译述时期”大致可分成三个阶段。从1807年马礼逊来华学习中文翻译《圣经》到第一次鸦片战争，为第一个阶段，翻译的主体为传教士及其中国助手，他们主要在中国的广州、澳门以及东南亚一带，翻译的内容主要是宗教书籍，也有一些地理、历史、科技的著作，还办了一些中文杂志。

第一次鸦片战争到第二次鸦片战争，为第二个阶段。这时香港被割占，广州之外，福州、厦门、宁波、上海成为通商口岸，太平天国运动使得中华帝国南部陷入战乱。以上海为中心，传教士在各大口岸与其中国助手翻译了一些宗教著作与文化著作，创办了一些中文杂志[1]。

在这两个阶段中，著名的译撰者有马礼逊、米怜、郭士立、麦都思、合信、俾士、湛约翰、罗孝全、艾约瑟、慕维廉、玛高温、伟烈亚力等，与之合作的中国人有李善兰、王韬、管嗣复、张福僖等人。这些传教士所出中文书刊对林则徐、梁廷枏、徐继畬、魏源都有影响，使他们成

[1] 第一、二个阶段的主要译著，可参考熊月之：《西学东渐与晚清社会》（修订版），北京：中国人民大学出版社2011年版，第105—109页及第三章。其出版数据主要依据伟烈亚力《基督教在华传教士纪念录》及苏精《马礼逊与中文印刷出版》。

为第一批睁眼看世界的中国人。较出名的出版中心有宁波花华圣经书房（1860年迁到上海后改名美华书馆）、上海墨海书馆等。

第二次鸦片战争到甲午战争和维新变法期间，为第三个阶段。这一阶段，太平天国被镇压，同光中兴，洋务运动兴起，以传教士为主的西方人士有一些服务于北京、上海、广州、福州、天津等地的清政府机构，与中国助手翻译了大量军事、科技、史地类著作。一些为教会服务的传教士翻译了一些宗教著作。一些有“文化传教”情怀的传教士则创办了广学会这类文化机构，他们办刊、出书，译述了一些社会科学类的著作。西学翻译的中心，在教会方面主要有广学会、益智书会、美华书馆、博济医局、上海土山湾印书馆、金陵汇文书院、福州美华书局，在官方和中国知识分子方面则主要有同文馆、江南制造局翻译馆、天津机器局、天津武备学堂、上海译书公会、农学报社、申报馆等[1]。活跃的口译者有嘉约翰、傅兰雅、金楷理、林乐知、李提摩太、艾约瑟、慕维廉、花之安、韦廉臣、舒高第[2]等人，著名的笔述者则有中国的王韬、沈毓桂、蔡尔康、徐寿、徐建寅、华蘅芳、钟天纬、瞿昂来、李凤苞、任廷旭、范祎等人，能从事独立翻译的有李问渔、颜永

[1] 熊月之列出了主要出版中心书目、京师同文馆译著书目，见熊月之：《西学东渐与晚清社会》（修订版），北京：中国人民大学出版社2011年版，第253—254页；江南制造局翻译馆译书目录，见第423—432页；广学会出版西书目录（1900年以前），见第446—447页。

[2] 舒高第是中国人，在美国学习过很长时间，中文笔译能力似不甚佳，翻译时尚需助手笔述。

京等少数几人[1]。他们译介的西方知识对洋务派、维新派、革命派，如李鸿章、张之洞、康有为、梁启超、谭嗣同等人都有影响，西方知识传播者的影响力在维新变法中达到顶峰。

甲午战争的战败意味着洋务运动的失败。向西方学习几乎成了朝野上下的共识，日本因为“同文同种”、路近学费低、现代化成绩较好而获得了梁启超、张之洞等人的青睐，他们认为留学日本学习西学是一个捷径。在他们的提倡下，清政府自1896年开始向日本派出留学生，人数逐年增多[2]。在废除科举的1905年和次年，留日人数达到顶峰，分别是8000人和1.2万人。1898年维新变法失败后逃亡日本的梁启超[3]，加上留日学生，使得从日文“转译西学”大为兴盛，翻译数量快速地超过了“译述时期”[4]，我们可将这一时期（1898—1911年）称为“转译时期”。这不是说在此阶段已没有“译述”和单独直译，广学会、

[1] 有些学者认为，晚清条约口岸围绕着当时传教士和清政府的翻译活动，出现了一批了解西学、倾向西学的中国知识分子，参考段怀清：《传教士与晚清口岸文人》，广州：广东人民出版社2007年版；王立群：《中国早期口岸知识分子形成的文化特征：王韬研究》，北京：北京大学出版社2009年版。

[2] 黄福庆：《清末留日学生》，台北：“中央研究院”近代史研究所1975年版，第2—3页。

[3] 梁启超在去日本之前的西学知识主要来源于译述，流亡日本后他凭借自创的“和文汉读法”，能够阅读日文著作。关于梁启超与明治思想界的关系，可参考狭间直树编：《梁启超·明治日本·西方》，北京：社会科学文献出版社2012年版；狭间直树主讲：《东亚近代文明史上的梁启超》，上海：上海人民出版社2016年版；郑匡民：《梁启超启蒙思想的东学背景》，上海：上海书店出版社2009年版。与梁启超相关的近代中日之间西学概念的翻译与传播，可参考狭间直树、石川祯浩主编，袁广泉等译：《近代东亚翻译概念的发生与传播》，北京：社会科学文献出版社2015年版；石川祯浩：《中国近代历史的表与里》，北京：北京大学出版社2015年版。

[4] 实滕惠秀：《中国人留学日本史》，北京：北京大学出版社2012年版，第167—207页。

严复、林纾亦仍在翻译，而只是说，在规模和影响上，这一阶段是以从日文“转译”过来的西学为主。民国后才进入对于西学大规模的“独立直译”阶段。

这一时期译介西学的机构有商务印书馆、译书汇编社、南洋公学译书院、广智书局、作新社、文明书局、会文学社（会文堂书局）、金粟斋译书处、教育世界出版社、新学会社、中国医学会等，翻译的内容侧重于社会科学和史地书籍，而应用科学与自然科学比重减少。译介者大多是留日者，如樊炳清、蔡元培、王国维、范迪吉等。

在“转译时期”，明治时期由日本学者创制的对译西方名词的“和制汉词”大量进入中文，有很多取代了“译述时期”的译法，成为今天我们仍然在应用的主流译词。这可能是自佛教词汇之后最大规模的“外来词”群体。像“哲学”“社会”“文学”“经济”“政治”“宗教”“自由”这类人文社科名词，都是来自和制汉词。这些词的总量在1000个左右[1]，实际数量可能远不止此。由于“转译”在广度和深度上远超此前的“译述”，和制汉词逐渐占据主流，替代了“译述时期”的许多译法，而使汉语基本词汇实现了“急速现代化”[2]。不过，明治和制汉词本身对于日本来说只是一个历史阶段现象。随着日本减少汉字学习，以及用“和制英语”的人越来越多，汉词及和语逐渐不用或少用[3]，汉字在日本的使用本身呈萎缩

[1] 周圣来：《美意识的种子：和制汉词对中国现代文学的影响》，香港：练习文化实验室有限公司2016年版，第89—93页；和制汉词总表参见该书第335—341页。

[2] 郎宓榭等著：《新词语新概念：西学译介与晚清汉语词汇之变迁》，济南：山东画报出版社2012年版，引言。

[3] 周圣来：《美意识的种子：和制汉词对中国现代文学的影响》，香港：练习文化实验室有限公司2016年版，第71—73页。

状态。但是，明治和制汉词在中文世界中反而站稳脚跟。可以说，今天中文世界的翻译已难以离开和制汉词。虽然里面问题很多，但是约定俗成，即使要作改良也只能逐步地进行了。

由“译述”逐渐向“转译”发展，这在书目汇编的变化中体现出来了。晚清新书的编目，除了出版者（如广学会）的年报外，比较集中的有：傅兰雅《译书事略》（江南制造局翻译西书事略），《格致汇编》1880年5—8月连载。孙维新《泰西格致之学与近刻翻译诸书详略得失何者为最要论》，本为上海格致书院作业，对140本西书做出比较评价，后刻印出来。梁启超《西学书目表》[1]，《时务报》报馆1896年版，录通商后西书名352种，附表录通商前西书名86种、近译未印书目88种。沈桐生《东西学书录提要总叙》，读有用书斋1897年出版。黄庆澄编《中西普通书目表》，上海算学报馆1898年刻，里面西学部分多取自梁启超《西学书目表》。徐维则编《东西学书录》，1899年出版。这些书目所录的绝大多数是“译述”著作。徐维则的《东西学书录》后来得到顾燮光帮助，顾燮光补充了从日文译为中文的西书，二人合编《增版东西学书录》，1902年出版。赵惟熙编《西学书目答问》，1901年出版。而上海通雅书局在1903年、1904年出版的《新学书目提要》，编者可能是一群留日学生。顾燮光《译书经眼录》，杭州金佳石好楼1934年印。这些书目中，最齐全的

[1] 《西学书目表》，1896年武昌质学会重校本。该本前言《西学书目表序例》，亦载《时务报》（第八册），见《时务报》报馆编：《强学报时务报》（第一卷），北京：中华书局1991年版，第488—494页。

可以说是《增版东西学书录》和《译书经眼录》[1]。从这两本书可以看出，1900年后从日文转译的西学著作已成为当时翻译书的主流，在社会科学著作中占有绝对地位。据不完全统计，1896—1911年，中国翻译的日文书至少有1014种。这个数字远远超过此前半个世纪以来中国翻译西文书数量的总和，也大大超过同时期中国翻译西文书的数量[2]。而其中社会科学著作达366部，法律图书98部，政治图书96部[3]。

上面所说的西学著作多指图书，但是晚清介绍西学的还有一些中文报刊，不少著作都是先在报刊上登出再出单行本的。近代报刊的一般情况，可以参考戈公振《中国报学史》[4]的第三章“外报创始时期”以及美国白瑞华《中国近代报刊史》等[5]。关于这些报刊的详细目录，可以参考《中国近代期刊篇目汇录》[6]。

《西学书目表》《增版东西学书录》和《译书经眼录》，都侧重于科技类与社会科学类译著，许多书被遗漏，比如新教人士的著作。早期新教来华传教士所译撰的

[1] 这两个目录被收入熊月之：《晚清新学书目提要》，上海：上海书店出版社2014年版，前言。该书索引亦很有价值。

[2] 熊月之：《西学东渐与晚清社会》（修订版），北京：中国人民大学出版社2011年版，第509页。

[3] 谭汝谦主编：《中国译日本书综合目录》，香港：香港中文大学出版社1980年版。转自滕超：《权力博弈中的晚清法律翻译》，北京：中国社会科学出版社2014年版，第335页。

[4] 戈公振：《中国报学史》，上海：上海书店出版社2014年版。

[5] 白瑞华著，苏世军译：《中国近代报刊史》，北京：中央编译出版社2013年版；赵晓兰、吴潮：《传教士中文报刊史》，上海：复旦大学出版社2011年版。传教士中文报刊对维新派报刊有影响，可参考徐松荣：《维新派与近代报刊》，太原：山西古籍出版社1998年版。

[6] 上海图书馆编：《中国近代期刊篇目汇录》（一），上海：上海人民出版社1965年版。该书于1980年重印。

著作，可以参考伟烈亚力1867年出版的《基督教新教传教士在华名录》[1]；1860年后的新教译撰著作散落各处，近已有人系统整理，如黎子鹏的《中国基督教文字事业编年史：1860—1911》[2]。

二、译述时期的主要译撰者及其观念

从1807年马礼逊来华并准备翻译《圣经》到1911年清王朝覆灭，晚清可以说是经历了一个“百年翻译”运动。如果说最后13年（1898—1911年）是“转译”由无到有到兴盛的过程，那么，在此之前的90余年（1807—1898年）则是“译述时期”。虽然有不少翻译机构，但如果看最活跃的翻译者，我们会惊讶地发现，他们大多是新教传教士[3]。译得最多也最有名的，几乎全是传教士[4]，如伟烈

[1] Alexander Wylie, *Memorials of Protestant Missionaries giving a List of Their Publications, and Obituary Notices of the Deceased*. With Copious Indexes. Taipei: Ch’Eng-wen Publishing Company, 1867. 伟烈亚力著，赵康英译：《基督教新教传教士在华名录》，天津：天津人民出版社2013年版。

[2] 黎子鹏编著：《中国基督教文字事业编年史：1860—1911》，香港：基督教文艺出版社有限公司2015年版。

[3] 有的学者将传教士翻译分为三个阶段：1815—1842年，从南洋创办《察世俗每月统记传》至上海墨海书馆建立；1843—1887年，从上海墨海书馆建立至上海广学会成立；1888—1898年，广学会成立至维新变法失败。并列出了各时期的主要非宗教类著作。参考何绍斌：《越界与想象：晚清新教传教士译介史论》，上海：上海三联书店2008年版，第44—45页及第一章。这种分期法过分以上海为中心，而且太细。其实，无论宗教还是非宗教类书籍，晚清译述是多中心的，上海当然最活跃，但北京、广州、宁波、武汉等地也从未中断过。

[4] 改革开放后，对作为中国近代史上重要一环的传教士展开了大规模的翻译和研究。翻译中较为重要的系列是周振鹤教授主编并由广西师范大学出版社出版的“来华基督教传教士传记”丛书，黄兴涛、杨念群主编并由中华书局出版的“西方的中国形象”丛书。此外，亦有不少零散出版的传教士传记。

亚力[1]、傅兰雅[2]、林乐知[3]、丁韪良[4]、李提摩太[5]、金楷理等人，因为当时愿意来华且愿意从事文化传播的西方人士只有传教士。西方本土的知识分子没有机会、动力和经费来华，中国人也没有主动去请他们。这种局面要等到“五四”前后杜威、罗素受邀来华方有改变。传教士撰译宗教书籍是其来华的本行和义务，而译介科技、史地、人文社科著作，要么是因为受雇于清政府，要么是被“文化传教”“社会福音”的淑世情怀驱动[6]。如广学会的几位

[1] 汪晓勤：《中西科学交流的功臣：伟烈亚力》，北京：科学出版社2000年版。

[2] 王扬宗：《傅兰雅与近代中国的科学启蒙》，北京：科学出版社2000年版。傅兰雅在加州大学的全部英文档案已收入戴吉礼主编：《傅兰雅档案》，桂林：广西师范大学出版社2010年版。

[3] 贝奈特著，金莹译：《传教士新闻工作者在中国：林乐知和他的杂志（1860—1883）》，桂林：广西师范大学出版社2014年版；梁元生：《林乐知在华事业与〈万国公报〉》，香港：香港中文大学出版社1978年版；卢明玉：《译与异——林乐知译述与西学传播》，北京：首都经济贸易大学出版社2010年版。单篇论文当然更多，如查时杰：《林乐知的生平与志事》，载林治平主编：《基督教入华百七十年纪念集》，台北：台北宇宙光出版社1977年版。

[4] 丁韪良著，沈弘等译：《汉学菁华》，北京：世界图书出版公司2010年版；丁韪良著，沈弘等译：《中国觉醒》，北京：世界图书出版公司2010年版。目前关于丁韪良最好的研究著作，可参考王文兵：《丁韪良与中国》，北京：外语教学与研究出版社2008年版。

[5] 李提摩太：《亲历晚清四十五年——李提摩太在华回忆录》，天津：天津人民出版社2005年版。他人撰写的李提摩太传记，立场差异较大，主要有丁则良：《李提摩太》，上海：开明书店1951年版；苏慧廉著，山西大学外语学院《李提摩太传》翻译组译：《李提摩太传》，香港：世华天地出版社2002年版；苏慧廉著，关志远、关志英、何玉译：《李提摩太在中国》，桂林：广西师范大学出版社2007年版（按：后两书实为同一书，译者不同而已）。

[6] 近代传教士创办的中文报刊情况，可参考赵晓兰、吴潮：《传教士中文报刊史》，上海：复旦大学出版社2011年版。由于传教士是中文报纸的先驱，因此，在晚清早期，其办报史跟中国近代报刊史基本是重叠的。大陆较早系统地研究传教士与晚清现代化关系的，可参考王立新：《美国传教士与晚清中国现代化》，天津：天津人民出版社1997年版。该书于2008年出版第二版。

传教士，他们避开了直接传教的做法，也避免只译介实用性的技术，而是通过《万国公报》[1]等报刊和著书立说，对西方文明进行比较全面的介绍，这跟他们背后的一些基本信念有关。

19世纪来华的新教传教士，跟当时的西方人一样，都自觉不自觉地持有西方中心论，认为西方文明要优越于其他文明，西方的政治制度（民主、自由等）要优越于东方。对于他们来说，优越的根本原因是新教优越于别的宗教。这种观点可以称为“新教文明等级观”[2]，主要包括几个信念：从事实来看，西方文明无论在政治、经济、商贸、军事、科技方面都超出非西方文明，非西方文明逐步屈从于西方即真实的证据；追溯西方文明强大的根源，在于基督教，它使西方人有道德，有博爱精神，重团结，乐群，有求知精神，追求知识，在教育、慈善等方面都具有宗教精神；当时的国家富强等级是新教国家（英美德）强过天主教国家（法意西），基督教国家强过中国、印度、日本、土耳其等“半文半野”国家，更强过非洲、南太平洋野蛮人国家，这表明新教要优于天主教，基督教要优于异教；像日本这样的国家之所以进步，是因为吸收了

[1] 关于《万国公报》，早期有台湾王树槐和香港梁元生的研究，大陆较系统的研究有王林：《西学与变法——〈万国公报〉研究》，济南：齐鲁书社2004年版（该书根据作者1996年博士论文改编）；杨代春：《〈万国公报〉与晚清中西文化交流》，长沙：湖南人民出版社2002年版。

[2] 周伟驰：《晚清新教传教士的文明等级观》，《文景》，2012年第9期。亦见周伟驰：《太平天国与启示录》，北京：中国社会科学出版社2013年版，第276—308页。近来，一些学者对19世纪西方的一般文明等级观及其对中国的影响进行了研究，可参考刘禾主编：《世界秩序与文明等级：全球史研究的新途径》，北京：生活·读书·新知三联书店2016年版。

西方“教化”（文明）的长处，当然，它现在还没有学到“教道”（新教）。而拒绝学习西方的国家（如中国和土耳其），则往往面临险境。国家想强盛，就要像日本那样学习西方“教化”与“教道”。与启蒙主义思想家从“自由、平等、博爱”及“科学、民主、道德”等世俗价值观来看文明等级不同，传教士是从宗教的角度来看文明的本质和等级的。广学会的几个主要撰稿人如林乐知、李提摩太、韦廉臣、花之安[1]、艾约瑟、慕维廉、沈毓桂[2]都坚持这个观念。从某个角度上看，他们是马克斯·韦伯之前的“马克斯·韦伯”。

新教文明论在韦廉臣、花之安、李提摩太等人那里都有具体的论述，但在林乐知、沈毓桂的“三伦说”里得到了集中的表达。它认为，人上要面对上帝，下要处理万物，中间要对待同类，因此而有神伦、物伦和人伦。只有崇拜真神，才能正确地对待他人，以平等、自由、民主处之，才能正确地对待万物，发展科技，利用厚生。如果说神伦是强调基督教排他一神论，物伦则是要引入西方科技观念，以破除中国人的泛灵论和风水迷信之类阻碍现代化的观念（如风水严重阻碍了修铁路和开矿），那么人伦跟中国传统的人伦有什么不一样呢？在《教会新报》阶

---

［1］对花之安的研究，可参考张硕：《汉学家花之安（Ernst Faber）思想研究》，北京：知识产权出版社2013年版。

［2］易惠莉：《西学东渐与中国传统知识分子：沈毓桂个案研究》，长春：吉林人民出版社1993年版。较早的对传教士个体的介绍可参考顾长声：《从马礼逊到司徒雷登——来华新教传教士评传》，上海：上海书店出版社2005年版。至于艾约瑟、慕维廉、韦廉臣，尚未看到相关的研究专著。在对待基督教与中国文化的高低评估上，传教士虽然总体上扬耶抑儒，但个体存在着程度上的差异，如李提摩太和李佳白较为和缓，林乐知则较为严峻。

段，林乐知尚侧重耶儒在仁义礼智、忠孝节义、戒律上的一致，但随着甲午战争严重暴露中国文化的负面因素，林乐知开始强调新教人伦异于且优越于儒教之处，以美国式的自由、民主、平等来反衬儒教的专制、束缚、愚昧，较为系统地揭露并批判了儒教的负面影响。正如在印度的传教士对印度文化的批判促进了印度知识分子的启蒙主义一样，传教士与中国基督徒对中国文化风俗陋习（从男尊女卑、缠足到专制）的系统批判，启发了从康有为、梁启超到新文化运动的文化反思与启蒙主义。

今天，如果我们系统地阅读《教会新报》和《万国公报》上中外作者的文章，就会发现，对中国传统宗教的批判，对皇权、族权、夫权、神权的批判，对国民性的批判，以及提倡白话文、汉字拼音化，在晚清已经全面展开，只不过用词没有那么激烈。他们的这种反思与批判，可以称为近代第一波启蒙主义运动。如果说陈独秀、鲁迅、胡适等人是以现代西方科学民主思想来批判中国传统文化，那么这第一波启蒙主义运动就是以现代新教思想[1]来批判中国传统文化。

西学对晚清各方面，尤其对政治和思想方面，一直持续发挥着影响。从林则徐、魏源、徐继畬到洪仁玕和冯桂芬这样的新式思想家，一步步地向前深化，直到在戊戌

[1] 现代新教思想是在基督教的视野下容纳科学与民主，它跟苏格兰启蒙、英美温和的改良传统有关，它并不认为基督教与科学、民主是矛盾的。这种兼容论的思想视野，在民国初期的赵紫宸那里都还存在。而新文化运动的主导方向则是排除了信仰的科学与民主，近似于法俄无神论与世俗化传统。

运动中达到高潮。康有为、梁启超、谭嗣同[1]等人受李提摩太、林乐知的影响是十分显著的[2]，他们的许多改革建议、新知识和新思想，直接来源于广学会、江南制造局翻译馆的著作[3]。经过义和团运动的反西方文明后，清朝痛定思痛，决定实行君主立宪，不仅西学在“转译”中迎来新一波高潮，连民教关系也在双方的反思和克制下开始缓和，基督教迎来一个平稳增长期。西学不仅对经世派、改良派、洋务派、维新派有影响，对一早一晚以洪秀全和孙中山为代表的反清人士亦有影响。太平天国与基督教的关系甚深，尤其深受《圣经》与《劝世良言》的影响[4]。孙中山早年自命“洪秀全第二”，1894年他曾在《万国公报》上发表《上李傅相书》[5]，改良不成后，决定采取革命方式再造中华，其早期追随者与起义人员中多为基督教

---

[1] 张灏著，崔志海、葛夫平译：《烈士精神与批判意识：谭嗣同思想的分析》，北京：中央编译出版社2016年版，第45—51页。朱维铮先生在谈到西学对谭嗣同的影响时说：“谭嗣同非但同意彻底西化，甚至像王韬一样，以为西方列强侵略中国是好事，可以加速中国的革新。”参考李天纲编校：《万国公报文选》，上海：中西书局2012年版，第24页。

[2] 王树槐：《外人与戊戌变法》，上海：上海书店出版社1998年版（原书于1965年在台湾出版）；梁元生：《林乐知在华事业与〈万国公报〉》，香港：香港中文大学出版社1978年版；房德邻：《〈万国公报〉与戊戌变法》，《北京师范大学学报》，1986年第6期。

[3] 强学会办的《万国公报》（与上海《万国公报》同名）和《中外纪闻》，许多内容即直接转自传教士所办刊物。关于维新派所办报刊的一般情况，可参考徐松荣：《维新派与近代报刊》，太原：山西古籍出版社1998年版。

[4] 可参考周伟驰：《太平天国与启示录》，北京：中国社会科学出版社2013年版。

[5] 李天纲编校：《万国公报文选》，上海：中西书局2012年版，第269—279页。

徒[1]。这是因为他们受到西方现代思想的影响，具有了新的世界观和价值观，不能再忍受清朝的腐败统治。在晚清，香港、广东、上海等沿海地区和海外，中国基督教徒已呈现网络状分布，通过与西方基督教世界的连接，他们中间正酝酿着一些新的思想和人群、改造社会和国家的力量，也酝酿着新世界各行业的领袖[2]。

梁启超在关于明清学术思想史的著作[3]中，对西学的影响和意义做了高度评价。但是，后来者在撰写中国近代史时，由于种种原因，对于晚清西方人士如何译介西学，将新的思想和观念传递给中国知识分子（口岸文人），并通过他们的笔影响到中国思想界，进而影响到中国历史，整体上的研究尚不足。比如，桑兵等著的近800页巨著《近代中国的知识与制度转型》[4]，就很少谈到晚清译述带来的知识变化，而直接从日本的影响开始。相比之下，《剑桥中国晚清史》[5]，则用了《1900年以前的基督教传教

［1］梁寿华：《革命先驱：基督徒与晚清中国革命的起源》，香港：宣道出版社2007年版；李志刚：《洪秀全与孙中山对耶儒的认识及推行革命的比较》，载《基督教与中国近代文化》，香港：基督教文化学会2009年版；李志刚主编：《辛亥革命与香港基督教》，香港：基督教文化学会2009年版。

［2］罗元旭：《东成西就：七个华人基督教家族与中西交流百年》，北京：生活·读书·新知三联书店2014年版。讲述了上海互有姻亲关系的七大基督教家族的崛起历史。其实，在香港、广东、福建也有不少这样的基督教世家。

［3］梁启超：《论中国学术思想变迁之大势》，上海：上海古籍出版社2001年版，第135—136页；梁启超：《清代学术概论·儒家哲学》，天津：天津古籍出版社2003年版，第85—87页；梁启超：《中国近三百年学术史》，天津：天津古籍出版社2003年版，第30—31页。

［4］桑兵等著：《近代中国的知识与制度转型》，北京：经济科学出版社2013年版。

［5］费正清、刘广京编：《剑桥中国晚清史》，北京：中国社会科学出版社2006年版。

活动及其影响》一章专门讨论这种影响，显得比较平衡。

在资料上，与明清时期西学东渐重要文献逐渐得到系统出版[1]不同，晚清西学文献（包括宗教文献）一直没有得到系统整理出版，相关著作的出版只能比较孤立而零散地进行。比如，在人文社科书籍方面，上海书店出版社2002年“近代文献丛刊”出版过晚清几本产生过重要影响的西学书，如李提摩太译《泰西新史揽要》、花之安编著《自西徂东》、林乐知译《文学兴国策》、丁韪良译《万国公法》、傅兰雅译《佐治刍言》等。上海科学技术文献出版社2012年出版了《江南制造局译书丛编》，将当年江南制造局翻译馆的译著予以出版，除了工程类书籍外，还选了较有思想性的“政史类”书籍，收入《佐治刍言》《列国岁计政要》《西美战史》《俄国新志》《法国新志》《埏纮外乘》《四裔编年表》《各国交涉公法论》《各国交涉便法论》《公法总论》《美国宪法纂释》《欧洲东方交涉记》《英俄印度交涉书》《东方时局论略》等。2014年，上海书店出版社影印出版了全套《万国公报》，在清晰度上超过了当年曾普惠于学界的台版《万国公报》。在宗教类书籍方面，最近几年，上海大学陶飞亚教授对近代基督教（包括新教）文献的总量和馆藏情况做

[1] 最近代表为张西平等主编：《梵蒂冈图书馆藏明清中西文化交流史文献丛刊》（第一辑），郑州：大象出版社2014年版。它基本涵盖了以往相关的出版物。另可参考钟鸣旦等编：《法国国家图书馆明清天主教文献》，台北：台北利氏学社2009年版；周岩编校：《明末清初天主教史文献新编》，北京：国家图书馆出版社2013年版。黄兴涛、王国荣编：《明清之际西学文本》，北京：中华书局2013年版。

了一个系统摸底，取得了很大成就，可以作为以后出版的一个路线图。在港台，一些新教传教士的著作开始得到搜集、整理和出版，郭士立、丁韪良、米怜、宾为霖、理雅各、杨格非等人的中文著作选集开始出现[1]。

不过，跟晚清西学的总量相比，这只是沧海一粟。例如，广学会当年出版了大量著作，后来有机会重新出版的并不多见。

我们出版这套《晚清西学丛书》，是希望能搜集、整理出一些具有代表性的晚清西学译撰著作，填空补缺，为还原晚清思想的全貌做一些添砖加瓦的工作。我们希望能促进对晚清西学的研究和重新评估，将之作为明末清初至今完整的“西学东渐”上的重要一环，予以独立的突显。

三、晚清西学东渐中的岭南西学

鸦片战争之前，广州是清朝对外开放的唯一港口，也因此是西学东渐的唯一口岸。以新教传教士为代表的具有现代知识的西方人士，都是先到广州[2]，如马礼逊、裨治文、卫三畏等人；鸦片战争后，香港被割占，上海、

[1] 周联华主持，曾庆豹、吴昶兴主编的“汉语基督教经典文库集成”系列，在香港橄榄出版有限公司出版，已出版的晚清传教士文献有黎子鹏编注：《晚清基督教叙事文学选粹》（2012年）、《赎罪之道传：郭实猎基督教小说集》（2013年）、《天道溯源：丁韪良基督教作品选粹》（2013年）。

[2] 梁碧莹教授介绍了跟广州关系密切的20多位美国人，其中有一小半是传教士。参考梁碧莹：《美国人在广州：1784—1912》，广州：广东人民出版社2014年版；雷雨田主编：《近代来粤传教士评传》，上海：百家出版社2004年版。晚清来华传教士介绍了马礼逊、郭士立、米怜、麦都思、裨治文、卫三畏、伯驾、嘉约翰、罗孝全、理雅各、合信、明稽章。

厦门、福州、宁波开放后，西方人士才逐渐分头奔向这些沿海城市。在很长一个时期内，广州在西学东渐中占有优势，但后来逐渐被上海赶超。关于广州为何被上海赶超[1]，以及何时被上海超过，曾经有过讨论。一个主要的可能原因是，鸦片战争后，按《南京条约》的规定广州应对英国人开放，但广州人抗拒，前前后后拖了十五年[2]，正是在这一时期，一些西方人士开始从广州迁往上海，广州西学人才外流。虽然如此，广州也仍旧是近代文化中一个极其重要的中心点。广东人容易接受新的生活方式和思想观念。反观一下中国近现代史就能知道，从太平天国起，“南风北吹”跟“西学东渐”几乎是同步的。这种态势甚至持续到改革开放的今天。

在近代报刊创办上，广州领先一步。广州原为清朝唯一通商口岸，早期来华西方人士为让西方人了解中国而创办了一些英文期刊，同时又创办了一些中文报刊，一是为了向中国人传教，二是为了让中国人了解西方，促进文化交流，增加西方文明对中国人的影响。中文报刊中，较为连贯且有影响的，包括《东西洋考每月统记传》《察世俗每月统记传》《遐迩贯珍》，都是在广州、香港与南洋创办的。后来，上海和北京的发展速度超过广州，《六合丛谈》《格致汇编》《万国公报》均在上海创办，《中西闻见录》则在北京创办。维新时期京沪涌现了一些报刊，如《中外纪闻》《强学报》《时务报》等。同一时期在广州

[1] 熊月之：《西学东渐与晚清社会》（修订版），北京：中国人民大学出版社2011年版，第167—168页。

[2] 王毅：《皇家亚洲文会北中国支会研究》，上海：上海书店出版社2005年版，第4—5页。

也有一些新的报刊，但是影响力主要在南方和南洋一带。

西方知识也以著作的形式在广东出现。1834年，西方人士在广州成立了“在华实用知识传播会”（Society for the Diffusion of Useful Knowledge in China），裨治文和郭士立（郭实腊）是其中主力。该会出版的著作包括：郭士立《大英国统志》（1834年）、郭士立《古今万国纲鉴录》（1838年）、《犹太国史》（1839年）、《贸易通志》（1840年）、《万国地理全集》（1838年）、郭士立主编《东西洋考每月统记传》（1837—1838年）、裨治文《美理哥合省国志略》（1838年）、罗伯聃《意拾喻言》（1838年）、裨治文《广东方言撮要》（*Chinese Chrestomathy in Canton Dialect*）[1]。1843—1860年之间，西方人士在广州出版的中文书刊，除了《圣经》、传教小册子、词典和年鉴外，还主要有裨治文《亚墨理格合众国志略》（1844年）、合信《天文略论》（1849年）、合信《全体新论》（1851年）、哈巴安德《耶稣教要理问答》（1851年）和《耶稣正教问答》（1852年）、合信《博物新编》（1855年）、湛约翰《上帝总论》（1856年）、俾士《地理略论》（1859年）、纪好弼《醒世要言》（1859年）和《真教问答》（1859年）、嘉约翰《经验奇症略述》（1860年）等[2]。鸦片战争后，原在广州的一些西方人士逐渐转移到上海。1857年，裨治文、卫三畏、艾约瑟、雒

[1] 沈国威：《打造专业术语：以19世纪的英汉词典为中心》，载郎宓榭等著：《新词语新概念：西学译介与晚清汉语词汇之变迁》，济南：山东画报出版社2012年版，第299页。

[2] 熊月之：《西学东渐与晚清社会》（修订版），北京：中国人民大学出版社2011年版，第129—130页。

魏林等18人决定成立“上海文理学会”，后来它成为皇家亚洲文会北中国支会[1]。上海的西方人士办报著书的越来越多，使上海成为传播西学的最大中心，但广东仍有叶纳清（1864年去世）、花之安（1839—1899）等人在从事译撰活动。花之安于1886年去上海，但其主要著作是在广东时完成的。

广州作为晚清最重要的西学中心之一，其西学传播从来就没有停止过。上文显示，在广州以至广东的西学著作以宗教类和医学类为突出，马礼逊、梁发、合信、嘉约翰都是显著者。一些用粤语翻译的文学著作，如《天路历程》、《人灵战纪》、《辜苏历程》（即《鲁滨孙漂流记》），在粤语文学中有一席之地，可视为《虾球传》的先驱。即便在近代国际公法方面，也是广州的伯驾节译瓦泰尔《国际法》在前[2]，丁韪良翻译惠顿《万国公法》在后。

由于开放最早，广东得风气之先，其西学视野领先内地一步，不少广东人从事西学的介绍或引进。如鸦片战争前，对西方最了解的中国人是梁廷枏，他著有《海国四说》《夷氛纪闻》等。跟随马礼逊和米怜学习的梁发，其《劝世良言》直接影响了太平天国运动。洪仁玕在香港与传教士韩山文、理雅各等人交往，阅读他们出版的中文著作，使他能够写出中国近代第一个现代化纲领《资政新篇》。再如跟德国人关系密切的东莞世族王家，第一代王元琛是郭士立的弟子，王元琛之子王炳耀和王炳堃跟叶纳

[1] 王毅：《皇家亚洲文会北中国支会研究》，上海：上海书店出版社2005年版，第11—13页。

[2] 谭树林：《美国传教士伯驾在华活动研究：1834—1857》，北京：群言出版社2010年版，第179页。

清、花之安等人有师承关系，交往密切，王炳耀与孙中山也有深厚友情，其子王宠惠后来成为民国外交部长和总理，他们都有西学著译问世。再如南海人何进善（福堂），他是理雅各在马六甲任教于英华书院时的学生，著有宗教书多部，其子何启是维新派思想家，女婿伍廷芳曾任清廷驻美公使和民国外交总长。像王元琛、何进善这样的世家尚有不少。至于郑观应、康有为、梁启超、黄遵宪等思想家，张荫桓、何如璋等具有新思想的官员就不多说了。甚至康有为的弟子、创办孔教会的高要人陈焕章，也到美国拿了一个博士学位（1911年），其英文著作《孔门理财学》还被马克斯·韦伯引用过。陈氏对儒教的认识已经是在全球化的视野中，含有与西学比较的问题意识，跟传统的儒家大为不同。广东人久在西学熏染中，自觉不自觉地以西学促中学，以中学解西学，融会贯通，创立新学。康有为之参照基督教创立孔教就是一例。

四、编选说明

我们这套丛书，选取了晚清西学中较重要的一部分进行校注。在“西学”范围上，我们不做严格限定，而大致指跟泛称“西方”有关的知识和思想。在时间方面，我们所说的“晚清”，限定在1807—1911年之间，若有个别作品或作者实在重要而延伸至明末清初或民国，也可做灵活的处理。比如，某些译者或作者的选集文章发表时代横跨清朝、民国两个时期。在地域方面，凡是以汉文译撰的著作，不管它们是在南洋、港澳或内地产生的，都可以入选。在作者方面，不管是西方人还是中国人，是直接翻译还是借鉴后独创，都可以入选。由于是立足于广州和广东，我们会侧重广东的西学传统。

我们选书的考虑，大致有如下几个方面：

第一，对晚清思想界和社会产生过影响的西学著作，比如，影响过晚清经世派、洋务派、维新派、革命派甚至保守派的著作。产生影响的译撰著作不一定是在西方本身重要的著作，但在当时晚清的形势下，它们影响了很多中国人，甚至改变了中国的历史进程。如《佐治刍言》《泰西新史揽要》《百年一觉》《大同学》《中东战纪本末》《中西关系略论》《治心免病法》《西学略述》《列国变通兴盛记》《时事新论》《西学考略》《格物探原》等。

第二，有些书的影响较小或几乎没什么影响，但它们在西方本身有重要的历史地位，也有永久的价值，因此是值得重视的，如哲学名著培根的《格致新机》（即《新工具》）[1]，以及一些文学名著，如《天路历程》《鲁滨孙漂流记》等。这些名著在民国还有不同的译本，甚至直到今天还在产生新的译本。回过头去看晚清的译本，一些词语和概念的不同译法，显得别有一番风味。

第三，还有些是因为晚清译本提供了另一种翻译的可能性，具有语言考古价值。晚清译述出现在日语转译之前，译撰者尚未受到和制汉词的影响，而根据汉语自身的规则与历史进行翻译，因此为今日西学的翻译提供了另外的可能性。比如颜永京、丁韪良关于心理学的著译，艾约

[1] 邹振环：《影响中国近代社会的一百种译作》，北京：中国对外翻译出版公司1996年版，第80—87页。该书较详细地介绍了《谈天》《重学》《佐治刍言》《心灵学》《泰西新史揽要》《治心免病法》《文学兴国策》《百年一觉》等书。

瑟、傅兰雅关于政治经济学的著译，里面很多关键词语的译法跟现代汉语译法（大部分为和制汉词）颇为不同，值得玩味。这就如同在文学上，新文化运动掀起白话文革命之初，涌现了很多种白话文的可能性，在今天语言越来越趋于统一和相同的情况下，回过头去考察白话文革命之初的种种表达方式，有可能像敞开新的空间一样。在一种语言的构成中，词语是基本细胞，作为思想的直接现实，语言意味着思想的界限，重新审视汉语革命的历史，也就是对现代思想史的一种反省。近年来，学界对中国哲学史、思想史有过反思和争论，如现代中国人用“现代汉语”来研究中国古代“哲学”等，是否等于“汉话胡说”，是否在“以西解中”？对于近代以来学科的分类、变迁，基本词语和概念的巨大变革，我们可以借由对这些处于变革前夜的晚清西学译著典籍的“渐变”所进行的微观考察，来重新把握和理解现代中国人思维内容与方式变革的过程，也对诸如“自由”“哲学”这类重要译词是否能准确表达西文原词展开反思和探讨。与此相关，对于一些在和制汉词中传过程中起到了重要作用但今天很少被人提起的转译本，我们也会予以注意。比如王国维翻译桑木严翼的《哲学概论》、元良勇次郎的《心理学》及《伦理学》等等，就既对王国维本人的思想发展起过作用[1]，也对哲学类和制汉词进入中文世界有所影响。在译述和转译之间，相对来说，我们会侧重于译述时期的译撰著作。

第四，虽然我们所理解的“西学”是广义的西学，但

[1] 可参考佛雏：《王国维哲学译稿研究》，北京：社会科学文献出版社2006年版。

由于出版数量有限，我们会侧重于考虑各领域的代表作。比如天文学，晚清相关著译是相当多的，我们可能只选最早也最具代表性的伟烈亚力和李善兰译述本《谈天》，以及他们两人译述的《几何原本》和《代数学》，艾约瑟和李善兰译述的《重学》，合信编译的《博物新编》。当时有开创性的植物学、动物学等自然科学著译也将酌情选入，当然，如果今天其他出版社已有出版，我们会尽量避免重复[1]。晚清历史、地理的著译相当多[2]，我们也只选有代表性的。在人文社会科学方面，可以考虑比较中英法律、详细介绍英美陪审团制度的哲美森《华英谳案定章考》，中国人介绍英法政治制度的刘启彤《英政概》《法政概》，徐建寅《德国议院章程》，李佳白比较各国政治制度的《列国政治异同考》，详细介绍美国宪法的林乐知《环游地球略述》，以及舒高第、郑昌棪译述的《美国宪法纂释》（1907年）等。在西方思想的译介上，虽然只是到了“转译时期”才大盛，但译述中也有不少，比如李提摩太和马林对社会主义的介绍，尤其是马林发表在《万国公报》上含有基督教社会主义成分的关于地租、公正、平等的文章，对孙中山等人产生过影响。在宗教方面，宣教著作我们不会选，但比较有特色或者有历史价值，或者在今天仍有比较宗教、比较经学和比较神学意义的少量译撰著作，会适当选入。韦廉臣、艾约瑟对古埃及、波斯、希

[1] 韦廉臣、艾约瑟口译，李善兰笔述：《植物学》，上海：上海交通大学出版社2014年版。该书原于1858年由上海墨海书馆出版，拟定了许多专有名词，对后世有影响。该书此次是作为刘华杰主编的“博物学文化”丛书中的一本出版的。

[2] 艾约瑟译的《希腊志略》《罗马校略》得到出版，参考陈德正、韩薛兵校注：《〈希腊志略〉〈罗马志略〉校注》，北京：商务印书馆2014年版。

腊、罗马的宗教情况做了较多的介绍。在哲学思想等方面，艾约瑟、林乐知等人介绍了古希腊、古罗马和中世纪哲学，林乐知的包含十四本书的《自历明证》丛书，就详细介绍了基督教八大教父中的两位即奥古斯丁和金口约翰的生平与学说，以及日本明治维新时期同志社大学的创办人新岛襄的传记，其篇幅在中文世界里都是前无古人的。在文学方面，比如艾约瑟对弥尔顿、库柏诗歌的译介，都堪称最早。

第五，如前所说，广州在晚清西学东渐中有特殊地位，西学对广东敢为天下先的近现代文化有着潜移默化的影响，并随着广东人走向全国而在全国产生影响。我们将选择有广东特色的译撰著作，包括方言作品，以呈现一个鲜活的广东近代西学传统。

第六，虽然晚清西学著译不少，但我们侧重于以往不太受重视和整理的那些著作，而对于已得到很好整理、校注或市面上易得的著作，如严复的译著、容闳的《西学东渐记》等，则尽量避免重复，因此我们的选择含有一种“补遗”的意味，以呈现一个更丰富、更立体、更多面的历史。

五、致谢

在倪梁康教授的主持下，中山大学在2006年成立西学东渐文献馆，搜集、整理西学东渐文献与资料，并定期出版《西学东渐研究》，目前主要有法国籍的梅谦立教授做明清天主教文献研究，倪教授本人做唯识学和现象学的比较研究。我本科毕业于中山大学哲学系，中山大学是我的母校，我跟中山大学有特殊的情谊。近些年我在做晚清新教研究，涵盖的范围从太平天国到广学会和康有为、梁启超维新派之关系，正属于“晚清西学东渐”范围。因我父母在广东，每次我回家探亲，都会去看望在中山大学的师友，如哲学系的陈立胜老师和中文系的新进学者姚达兑。姚达兑是80后学者，他对近代西方文学的中译颇有研究，对出版晚清西学很有兴趣。2015年夏天，我与陈立胜老师拜见倪梁康教授，谈起西学东渐，说起我和姚达兑约了几个海内外同人想做晚清西学校注，只是出版资金一时遇到困难。倪教授听闻后，觉得此事有益于西学东渐研究，也有益于社会和学界，乐意促进此事，于是决定将这套丛书置于西学东渐文献馆的项目当中，通过广州市人文社会科学重点研究基地“广州与中外文化交流研究中心”及广州市科创委“西学东渐与广州21世纪海上丝绸之路”专项基金的经费予以资助。我们决心放眼长远，编出一套有参考价值的丛书。

晚清西学的校注与普通古籍的校注尚有不同，在文言之外，尚有外语（英法德日）及西学知识的问题，校注起来有额外的难度，相关人员寻找起来非常不容易。为找到这套丛书每本书的校注者，姚达兑和我可没有少在网上和微信上讨论。最后，对丛书的校注，我们找到了几位学贯中西、学养上佳的年轻学者，他们都是海内外名校毕业的博士，有的长期从事中西文化比较的工作，堪称“合适的人做合适的事”。

此项计划的完成，有赖于一些机构和个人的帮助。尤其是以下机构：中山大学西学东渐文献馆、广州与中外文化交流研究中心、南方日报出版社、“十三五”国家重点图书出版规划、国家出版基金和“西学东渐与广州21世纪海上丝绸之路”专项基金；以下个人：倪梁康教授、张伟教授、梅谦立教授，以及加盟本项目校注工作的学者肖清和、马永康、赵璐、张洪彬、李彬、王雨、龚昊、孙若圣、韩晓、葛小辉、窦新光、杨汤琛、叶杨曦、陈思行、张锦冬、司佳、吕飞跃等。姚达兑在联系校注者和出版社方面付出了大量劳动，很多实际的工作也是他在做，在此我要特别感谢他。希望我们的丛书能够有益于读者与学术界，越做越好。

2017年6月26日

2020年3月22日略有修订

《格致新机　格致新法》导读

马永康

弗朗西斯·培根（Francis Bacon，1561—1626）是欧洲文艺复兴时期英国著名的散文家、哲学家。他致力于建立或恢复人类对自然的统治，提出了一系列崭新的哲学思想和科学方法，发表了《学术的进展》《论古人的智慧》《伟大的复兴》等大量著作。其中，最集中体现他思想的是1620年用拉丁语刊发的《伟大的复兴》第二部分“新工具”（Novum Organum），在近代科学和哲学史上具有重要的意义，后人常将它独立印行。他将它命名为《新工具》，明确反对亚里士多德（Aristotle，前384—前322）以演绎为核心的《工具论》，要为当时乃至未来人类对自然的统治提供一套较为可靠、稳当的新“工具”。《新工具》为不严格的箴言体，分作两部分：第一部分130条，旨在“先为人心做好准备，以便它能理解并接受下卷所说的东西”[1]，清理以亚氏为代表的偏重抽象思辨的西方自然哲学传统，将人类的理智从先入为主的观念中解放出来，进行无偏见的科学研究，同时倡导以观察和实验为主的经验主义认识原则、方法；第二部分52条，主要讨论如何发现自然界的法式、规则，具体阐述其归纳方法。他的思想在17世纪中叶后直接影响了包括牛顿（Isaac Newton，1643—1727）在内的大批科学家，有力地促进了近代科学的迅猛发展。他也被称为近代实验科学和近代归纳法的创始人。

培根及其《新工具》虽然在西方影响巨大，但被介绍到中国则在成书近两个世纪后。尽管在明末清初，中国已出现较大规模的西学东渐，但未述及培根及其思想。原因不难理解：一方面，培根在西方的影响主要从17世纪中叶

[1]培根著，许宝骙译：《新工具》，北京：商务印书馆1984年版，第96页。

开始，当时中国已进入清代；另一方面，当时在中国传播西学的主体为天主教传教士，他们所接受的神学体系为融合了亚氏学说的托马斯·阿奎那（Thomas Aquinas，1225—1274）的理论，而培根恰好是亚氏学说的激烈批判者，其学说自然不会受到这些传教士的关注。随后清朝采取“闭关锁国”的政策，西学东渐一度停滞。鸦片战争后，随着基督新教传教士的大量涌入，西学东渐的进程重启，培根思想才得以进入中国。

从目前所见资料来看，培根及其思想被介绍到中国是在19世纪下半叶。最早述及培根思想的中文著作，很可能是艾约瑟（Joseph Edkins，1823—1905）和王韬（1828—1897）在1853年合译的《格致新学提纲》。《格致新学提纲》是条纲式介绍1543年以来的西方科学史的作品，其中写道：“泰昌元年（1620年），英国备根著《格物穷理新法》，实事求是，必考物以合理，不造理以合物。”[1]虽然只有一句，但交代了培根《新工具》的名称、出版年份以及思想特点。很可能是因为与艾约瑟合作的关系，王韬关注到培根，后来撰写了《英人倍根》一文，收入在他1873年完成的《瓮牖余谈》中。该文不足一千字，对培根著作的译名、思想概括与《格致新学提纲》一致：“倍根初著《格物穷理新法》，前此无有人言之者。其言务在实事求是，必考物以合理，不造理以合物”。但是，它较详细地介绍了培根的生平及其思想影响（“西国谈格物致知之学

[1]艾约瑟、王韬：《格致新学提纲》，见邓亮、韩琦：《新学传播的序曲：艾约瑟、王韬翻译〈格致新学提纲〉的内容、意义及其影响》，《自然科学史研究》，2012年第2期。

者，咸奉其书为指归”[1]）。此后，逐渐有中国人注意到培根，如郭嵩焘（1818—1891）在其出使日记中就有相关记录。光绪三年（1877年）七月记道：“闻其最著名者，一为舍色斯毕尔（即莎士比亚——引者注）……一名毕尔庚（即培根——引者注），亦二百年前人，与舍色斯毕尔同时。英国讲求实学自毕尔庚始。”[2]同年十月又记道：“英国讲实学者，肇自比耕。始时，欧洲文字起于罗马而盛于希腊，西土言学问皆宗之。比耕亦习剌丁、希腊之学。久之，悟其所学皆虚也，无适于用实，始讲求格物致知之说，名之曰新学。”[3]只是寥寥数笔，就点出了培根的“实学”特征，并明确了他在西方近代科学发展史中的地位。

几乎与国人的关注同步，1870年代后中国出现了培根《新工具》的系列译介：1876—1877年，《益智新录》连载了《格致新理》；1877年，《格致汇编》连载了《格致新法》；1878年，《万国公报》也连载了《格致新法》。1888年，《格致新机》单行本出版，1897年重印。这系列译介刊行时只署写了慕维廉（William Muirhead，1822—1900）之名，但它们实际上是慕维廉在中国士人沈毓桂（1807—1907）的帮助下完成的。它们虽然都只涉及《新工具》第一部分，但具有不同的体例，并以不同的途径传播。慕维廉何以如此用功译介《新工具》并大力传播？与此形成反差的是，慕维廉的系列译介所带来的社会反响似

[1]王韬：《瓮牖余谈》，北京：朝华出版社2018年版，第53—54页。

[2]郭嵩焘：《伦敦与巴黎日记》，收入钟叔河主编的《走向世界丛书》，长沙：岳麓书社1984年版，第275页。

[3]同上书，第384页。

乎没有想象中大，至少未能在时人的记录及思想中留下广泛而明显的印记，以致当前研究者对相关情况也不甚明了。它们何以没能引起较大的社会反响？这是一个有趣的现象。

下面先厘清慕维廉系列译介的基本情况，再来探讨上述两个问题。

一、译介者慕维廉和沈毓桂

《格致汇编》刊载的《格致新法》及《格致新机》单行本只署写“慕维廉”。由于《万国公报》所载《格致新法》与《格致汇编》相近，而慕维廉《格致新机》自序有“兹译是书，载于《益智新录》中”（《〈格致新机〉重修诸学自序》）[1]，即在《益智新录》刊发的《格致新理》也是慕维廉所作，故而可明确断定慕维廉是这系列译介的作者。

慕维廉是近代较早来华的基督教新教传教士之一，在华半个世纪多。他1822年出生于英国苏格兰的雷兹（Leith），“少潜心于律学而意专在信主耶稣基督，志在传扬真道”，从青年时代起即立志投身传教事业，很快加入当地的教会。有一天，他偶然看到麦都思（Walter Henry Medhurst，1796—1857）在英国出版的《寓华传道》（*China: Its State and Prospects，with Special Reference to the Spread of the Gospel*），受到触动，决定到中国传教[2]。

[1]为行文简便，凡引自已收入本书的篇目，在引文后直接加夹注标示，不再另出脚注。

[2]毕德恒：《伦敦会教师慕维廉先生事略》，《万国公报》，1900年第142期。

其后，他到伦敦的切斯亨特学院（Cheshunt College）受训，1846年被任命为传教士。1847年，他受英国伦敦会派遣去上海，同行的还有伟烈亚力（Alexander Wylie，1815—1887）和艾约瑟。同年8月抵达上海后，他在麦都思创立的“麦家圈”学习中文。1848年，他和麦都思、雒魏林（William Lockhart，1811—1896）因违反地方规章到上海青浦传教，与当地漕运水手发生冲突，受攻击而受伤。这也是基督教新教入华后发生的第一件教案。1861年2月，他从上海出发到被太平天国控制的南京，向干王洪仁玕（1822—1864）提出在南京及周围乡间宣讲福音的要求，未果，于一个月后离开。此后，他由于工作出色，逐渐成为英国伦敦会常驻上海教会的主要领导人之一。1900年10月3日，他在上海去世，被安葬在上海八仙桥墓地。

慕维廉从1847年来华直到去世，几乎半个世纪都在上海生活，“仅回国者三，俱不逾年而即东渡”[1]：第一次是1884年回英国休假一年，第二次是1894年回英国接受爱丁堡大学授予的神学博士学位，第三次是1895—1896年再回英国休假。他是在华时间最长的传教士之一，在传教、文化教育和救灾等方面都异常活跃：在传教上，他热爱和擅长布道，经常在教堂及外出传教，去世前还以78岁高龄布道，因不慎失足而导致其他疾病发作而亡。在文化教育上，他“设立义学教授童蒙，佐理医馆疗治疾病”[2]，积极参与当时新教在上海设立的机构的管理工作，如1848年起即参与墨海书馆的工作，与同道编辑《益智新录》《万

[1]同上。

[2]沈毓桂：《慕维廉先生小传》，《万国公报》，1900年第144期。

国公报》《六合丛谈》等各类刊物，促进了近代西学的东渐。在救灾上，他也积极投身工作，募集资金发放给灾民，在上海地区享有很高的声誉，成为上海华北委员会的领袖，如：1878年山东、河南等省发生水灾，他和同道募捐二万多资金发放给灾民；1889年，山东等省发生饥荒，他又募集三万多发放给灾民。[1]

尤其令人惊叹的是，慕维廉著述等身！伟烈亚力记载他在1867年前的中英文著述有42种[2]，而艾约瑟称他在去世前“综计二十年中，共成大小书四十余部，单片更不计其数”[3]，这还是不完全统计。其中，最多的是宗教类著作，如对《圣经》的注解、译介、布道宣传品等，西学著述也有一些，尤以《地理全志》《地质学》《大英国志》的影响最大，对中国近代地理学的发展起了重要的促进作用。

慕维廉是英国人，熟识培根的名著《新工具》及其价值，由他译介也顺理成章，但并非如署名所示，只是他一人所为。《格致新机》单行本所载沈毓桂的序，明确写道：

> 英国邢部尚书贝根著有《格致新理》一书，推本穷源，剖毫析芒，足以破愚，足以益智，而卒未能嘉惠来学者，其故在是。慕师维廉知之，

[1]此处的二万多、三万多，无法确定货币单位是否美元、英磅等，文献对此无明确记载。

[2]伟烈亚力著，赵康英译，顾钧审校：《基督教新教传教士在华名录》，收入国家清史编纂委员会主编的《编译丛刊》，天津：天津人民出版社2013年版，第203—208页。

[3]艾约瑟：《慕维廉先生轶事》，《万国公报》，1900年第143期。

> 向曾与余翻译华文，风雨晦明，一编坐对，或穷晰其理，或详译其词，或衍其未竟之端，或采其未宣之蕴。……今慕师又将是书摆印，俾广流传，并易其名为《格致新机》，嘱余弁首。（《〈格致新机〉序》）

沈毓桂也参与了译介培根《新工具》的工作。从描述来看，可推断他们的工作方式是慕维廉口头翻译、沈毓桂笔述，因而两人需要经常坐在一起讨论每编是否准确传达了原文的意思。原因不难理解，写一手好的文言文对中国传统读书人都是挑战，更何况慕维廉是外国人，而沈毓桂虽然有才名，但外语能力有限，曾自言“询余以西文西语，敢谢不敏”[1]，因而口译与笔述分开，需要两人通力合作。这也是历史上在华传教士译介西学时常用的方式。同时，从引文也可以看到，他们两人开始时将《新工具》译为《格致新理》，这就是在《益智新录》上刊发时所用的译介名称，后来出版单行本时由慕维廉个人更名为《格致新机》。这样，《格致新理》与《格致新机》实际是慕维廉和沈毓桂两人合作的成果。

与慕维廉合作的沈毓桂，是近代著名的职业文人，但现在除专业研究人员外，知道他的人恐怕不多。沈毓桂是江苏吴江人，字寿康，号赘翁、觉斋等。他1807年出生于吴江世胄家庭，但自幼丧父而家道中落，靠祖母抚养成人。他天资聪颖，祖母竭尽所能让他接受传统教育，少即负才名，立心博取功名。但他的科举之路不顺畅，只能长

[1]沈毓桂：《西学必以中学为本说》，《万国公报》，1889年第2期。

年在家乡当私塾老师维持生计，继续举业。1849年，江苏发生水灾，他生活窘迫到上海谋生："自道光己酉（1849年）冬，来游沪上，谒见西士麦都思。偶尔瞻韩，即蒙说项。"[1]这次沪上之行，他结识了正在协助来华传教士译介的王韬。通过王韬的介绍，他谒见了麦都思，并成为麦都思的华人助手，开始接触西学、西教，为他的后半生转变埋下了伏笔。但当时他未能忘怀科举功名，一年后便离开上海，到乡间当塾师，继续其举业。但很快，太平天国运动打破了他的平静生活，他唯一的儿子在战乱中夭折。1859年，他再次到上海，偶遇艾约瑟，再度进入墨海书馆谋生，并由艾约瑟受洗加入伦敦公会，这成为他人生的拐点。1861—1865年，他随艾约瑟到山东、北京等地传教。1865年，他返乡应试，获副贡生，被授云南官职，然而未赴任，再次返沪。1868年，他受雇于林乐知（Young John Allen，1836—1907）编辑《中国教会新报》（1874年易名为《万国公报》）。1872年他升任该报主笔，1878年又升任责任主编兼主笔。1881年，林乐知创办中西书院，他被聘为总教习。1883年，《万国公报》停刊，他返乡。1889年该报复刊，他仍被聘为主编。1894年，他辞去主编职务，1896年辞去中西书院教习职务，结束了近五十年的职业文人生涯。1900年，他参与创办东吴大学堂（今苏州大学的前身）。1904年，经端方奏请，他被清廷加封为二品官司员，1907年受封为二品官衔。1907年8月，他在上海病

[1]古吴志道老人（沈毓桂）：《中西相交之益》，《万国公报》，1881年第649期。

故，终年101岁。[1]他的百岁人生明显分为两段：前半生是传统知识分子以举业为中心的典型人生轨迹；后半生则充当着中西文化交流的“桥梁”，先后协助艾约瑟、伟烈亚力、慕维廉、林乐知等在华传教士译介西学，并且在《万国公报》等刊物上发表《西学必以中学为本说》《论西学为当务之急》《务求实学论》等系列文章，鼓吹向西方学习。他将所写的部分诗文结集为《匏隐庐诗文合稿》，1896年在上海刊刻。

沈毓桂和慕维廉的相识，很可能是在沈毓桂1849年到上海时。其时，他一度充当麦都思的助手，而慕维廉来华时间还不长，也在协助麦都思处理墨海书馆事宜，两人相识很可能是麦都思做的中介。沈毓桂在1875年所写的《西学必以中学为本说》称：“且以仆一身论，与西友艾约瑟、慕维廉、伟烈亚力、林乐知诸君交二十余载。”[2]从1849年到1875年，正与“交二十余载”相符。两人多年的交往，关系非常密切，沈毓桂曾在慕维廉七十大寿时撰文表达敬意：“桂追随左右几易春秋，未尝不叹其树德扶善，守真养和，有以固元精而登上寿也。”[3]慕维廉去世后，他又为其立传，感激之情跃然纸上：“桂追随数十

[1]关于沈毓桂的生平经历，可参见刘乐义撰，吴江任保罗译：《百龄耆硕沈君毓桂传略》，《万国公报》，1907年第224期；王韬：《〈匏隐庐诗文合稿〉序》，载沈毓桂：《匏隐庐诗文合稿》，清光绪二十二年（1896年）上海铅印本；易惠莉：《西学东渐与中国传统知识分子——沈毓桂个案研究》，长春：吉林人民出版社1993年版；刘天明：《晚清文人沈毓桂〈匏隐庐诗文合稿〉研究》，《古籍整理研究学刊》，2019年第1期；王海鹰主编：《宦德明鉴录：吴江历代官吏勤廉故事选》，苏州：古吴轩出版社2012年版。

[2]沈毓桂：《西学必以中学为本说》，《万国公报》，1889年第2期。

[3]沈毓桂：《恭祝英国慕维廉先生七十寿序》，《万国公报》，1892年第40期。

年，颇有针芥之契，至老而益蒙器重。先生有德于我，我何敢忘！惟自念无状，不足辅益先生，负先生之推许，诚可愧矣。”[1]两文所说的“追随”，涵括了他协助慕维廉从事西学译介。他在1881年刊发的《中西相交之益》中写道：“英国伦敦会教师慕维廉，招余翻译，迄今六年。”[2]按其所言，他应从1875年起即正式协助慕维廉译介西学。

对于《格致新法》，它刊行时虽没有交待译介情形，沈毓桂《〈格致新机〉序》中亦未提及，但不难推断它亦是两人合作的产物：第一，《格致新法》的刊发略晚于《格致新理》，都在沈毓桂充任慕维廉翻译助手期间，而且两者都与《新工具》相关，按常理而言，慕维廉不可能另觅他人合作；第二，《格致新法》的用语与《格致新理》相同，如“试行”（实验）、“刁滑”（诡辩）、“见识”（经验）、“不信者”（怀疑论者）、“四假象”名称，等等。

综上，《格致新理》《格致新机》《格致新法》等培根《新工具》的近代译介，实为慕维廉在沈毓桂的协作下完成。在这一合作过程中，慕维廉无疑起主导作用，然而沈毓桂也功不可没。

二、译介的两个系列

慕维廉的培根《新工具》中文译介虽有几个版本，但可分为两个系列：

---

[1]古吴九十三叟（沈毓桂）：《慕维廉先生小传》，《万国公报》，1901年第144期。
[2]古吴志道老人（沈毓桂）：《中西相交之益》，《万国公报》，1881年第649期。

《格致新理》和《格致新机》：《新工具》第一部分的节译

根据沈毓桂的《〈格致新机〉序》，《格致新机》是由《格致新理》易名印行的单行本。

《格致新理》1876—1877年连载于《益智新录》。《益智新录》为传教士林乐知在1876年7月创办的月刊，约两年后停刊。由于该刊持续时间不长，流传不广，国内暂未发现全套馆藏，目前大多数研究者对《格致新理》的刊行情况不甚了然。笔者在资料调查过程中，发现1877年《万国公报》上刊有《〈益智新录〉目录便登》一文，是该刊的广告。这篇广告佚名，很可能是林乐知所发，他既是《益智新录》的创办者，又是《万国公报》的主编。广告称："《益智新录》之设一年余矣。书中所登各论，皆益人神智者也。是书出自英国慕维廉、艾约瑟两先生之手笔居多。四远驰名，阅者争购。"[1]广告还刊载了从第一年第一卷到第二年第四卷的目录，其中就包含《格致新理》。为了解《格致新理》在《益智新录》上的刊发情况，现整理如下：

《格致新理》自序原序（第一年卷一）

《天地阐义公论》（第一年卷二）

《格致新理》心中意像公论二十四条（第一年卷四）

《格致新理》（第一年卷五）

《格致新理》（第一年卷六）

[1]佚名：《〈益智新录〉目录便登》，《万国公报》，1877年第456期。

《格致新理》第五卷（第一年卷七）

《格致新理》第五卷续格致差谬诸因（第一年卷八）

《格致新理》续格学差谬（第一年卷十）

《格致新理》（第一年卷十一）

《格致新理》续振兴格学企望之基（第一年卷十二）

《格致新理》（第二年第二卷）

《格致新理》终（第二年第三卷）[1]

《格致新理》在《益智新录》的刊发时间为1876年7月（第一年卷一）至1877年10月（第二年第三卷），分12期刊发，其间有间断。

《格致新机》1888年由同文书会印行，1897年再由广学会校订后出版重印本。同文书会由英国伦敦会传教士韦廉臣（Alexander Williamson，1829—1890）等于1887年11月在上海设立，1892年改组为广学会。两个会前后相承，致力于推广西学。慕维廉是这两个会的重要会员，将《格致新机》交由它们刊行也不难理解。初、重印本的版式、页数相同，慕维廉只在重印本《〈格致新机〉重修诸学自序》中用夹注的形式添加了小段说明文字，其余则是简单的文字修改，差别不大。下文所论《格致新机》以重印本为准。

《格致新机》由沈毓桂序、慕维廉序、培根原序以及七卷正文组成。对于正文内容，慕维廉在原序中添加了一

[1]佚名：《〈益智新录〉目录便登》，《万国公报》，1877年第456期。

段简要概括：

> 分作七卷，计公论一百三十条：一，天地阐义，辅人补行其权于万物中，三十七条；二，心中意像，二十四条；三，格学诸道，九条；四，格学差谬，七条；五，格学谬因，十五条；六，格学渐兴之基，三十三条；七，天地阐义新法，十五条。（《〈格致新机〉原序》）

“公论一百三十条”，即指《新工具》第一部分的130条箴言，慕维廉没有明确指出只译了原文的第一部分。译介将正文划分为七卷，并概括出每卷的主旨。这与《新工具》原文有别，培根原文按条阐述，明确将正文分为不同的部分。

作为《格致新理》的修订本，《格致新机》作了哪些修订？由于笔者未能找到《益智新录》原刊，只能借助目前的研究成果作初步分析。就整体结构来看，对比上引《益智新录》的目录，《格致新机》增加了沈毓桂的序。从目前研究者的引用来看，自序中的书名作了更换[1]，但似乎没有太大改动，《格致新机》还保留了“兹译是书，载于《益智新录》中”（《〈格致新机〉重修诸学自序》）这些刊发于《益智新录》时的文字。至于正文，对照所刊目录，可以发现：结构上也没有大的变化，但卷名作了修改，如《格致新理》第一卷名为“天地阐义公

[1]王慧斌、尚智丛：《“理”、“法”、“机”：〈新工具〉最早传入中国的三种形态》，《自然辩证法通讯》，2018年第12期。

论”，而《格致新机》为“天地阐义，辅人补行其权于万物中公论”；形式上两者都分为七部分，采用第一人称逐条节译，每条后以夹注的形式给出内容或参照性说明，如第一条原文后，《格致新理》的夹注是“人力有限，见三条”，《格致新机》则为“人力何以有限，见三条”。因此，可推断正文的修改主要在个别文字上。

与《新工具》原文相比，《格致新理》《格致新机》的明显差别是对正文作了结构划分以及为每条箴言增加了说明性文字。这些是慕维廉和沈毓桂译介时所为，还是出于译介底本？王慧斌、尚智丛依据译介的这两个特征，提出1815年在伦敦出版的《培根文集》（*The Works of Francis Bacon*, London: Printed for M. Jones, 1815）[1]第四卷（下文称“1815年版”）与《格致新机》具有很高的相似度。笔者找到了这版英译[2]作全文比对，结果如下：

第一，《格致新机》正文的章节结构与“1815年版”一致。这已为王慧斌、尚智丛上引研究指出，但未给出两书章节的具体结构。由于“1815年版”不常见，整理补充如表1：

[1]王慧斌、尚智丛：《“理”、“法”、“机”：〈新工具〉最早传入中国的三种形态》，《自然辩证法通讯》，2018年第12期。

[2]此套M. Jones的《培根全集》英译，除了1815年版，据网上拍卖信息，可能还有其他版本，北京保利国际拍卖有限公司2012年曾拍卖过，拍卖说明是：London: Printed for M. Jones, Paternoster-row，共12卷，1802—1803年出版（https://auction.artron.net/paimai-art5018640856/）；孔夫子旧书网也曾拍卖，标注是London: Printed for M. Jones, Paternoster-row，共12卷，1818年出版（http://book.kongfz.com/88148/1417404859/）。

表1 1815年英译版《新工具》与《格致新机》结构比较

1815年英译版《新工具》	格致新机
Preface（培根原序）	原序
Section Ⅰ General aphorisms for interpreting nature, and extending the empire of man over the creation（包括第1—37条，共37条）	一、天地阐义，辅人补行其权于万物中，三十七条
Section Ⅱ Of the false images, or idols, of the mind（包括第38—61条，共24条）	二、心中意像，二十四条
Section Ⅲ Of the different philosophical theories（包括第62—70条，共9条）	三、格学诸道，九条
Section Ⅳ Of the signs, or characteristics, of false philosophy（包括第71—77条，共7条）	四、格学差谬，七条
Section Ⅴ Of the causes of errors in philosophies（包括第78—92条，共15条）	五、格学谬因，十五条
Section Ⅵ Of the ground of hope, for the farther and advancement of philosophy and the sciences（包括第93—115条，共23条）	六、格学渐兴之基，二十三条
Section Ⅶ An idea of the new method of interpreting nature（包括第116—130条，共15条）	七、天地阐义新法，十五条

注：表格中小括号内内容为笔者整理添加。

第二，《格致新机》“见……条”的说明性夹注与“1815年版”脚注基本一致。王慧斌、尚智丛在上引研究中曾以第六十九条作分析。笔者比对后发现，参照性夹注只有少量差异，如《格致新机》第六十五条的夹注是“见七十五条至七十七，又九十一至一百零五条”，“1815年版”脚注为“see below, Aph. 75、76、77、96、105”[1]。夹

[1] *The works of Francis Bacon*, v.4, London: Printed for M. Jones, Paternoster-row, 1815, p. 36.

注中对内容的概括，则为慕维廉和沈毓桂添加。

第三，《格致新机》每条箴言的划分和“1815年版”一致。如《格致新机》“九十三　……我要始论上帝，万善之本，昭昭之父。我今所作之事，必从彼而来矣”，对应“1815年版”第93条中段内容：“We begin with God, the Author of all good, and the Father of lights, from whom the goodness of this design manifestly shews it to proceed.”[1]而且，《格致新机》的语序也与此相近。但James Spedding等1858年主编出版的权威译本《培根全集》和“1815年版”不同，第93条开首是：“The beginning is from God: for the business which is in hand, having the character of good so strongly impressed upon it, appears manifestly to proceed from God, who is the author of good, and the Father of Lights.”[2]此前的内容被归入第92条，语序明显不同于《格致新机》。又如《格致新机》“一百七　……其上所言，要阻绝望而生企慕，以离前之诸谬也”，和“1815年版”第107条对应：“And so much for preventing despair, and exciting hope, by way of forsaking or rectifying the errors of times past. We proceed next to consider what other motives of hope are still behind.”[3]但James Spedding版，此句为第108条的开首语：“So much then for the removing of despair and the raising of hope through the dismissal or rectification of the errors of past time. We must now see what else there is to ground hope

[1] *The works of Francis Bacon*, v.4, London, 1815, p. 90.

[2] James Spedding, Robert Leslie Ellis & Douglas Denon Heath(eds), *The Works of Francis Bacon*, V. 4, London, 1858, p. 91.

[3] *The works of Francis Bacon*, v.4, London, 1815, p. 104.

upon.”[1]这些差别，表明《格致新机》并非译自James Spedding等的权威版本，同时也可作为译自“1815年版”的佐证。

此外，慕维廉和沈毓桂的译介除了在例证上作了一些中国语境化的处理，如将原文西方的四元说替换为中国的五行（《格致新机》第四十五、六十六条）等，基本未出“1815年版”内容之外。目前发现仅有一处例外，即《格致新机》第四十六条所举许愿逃离船祸图的故事为此版所无。这表明除了“1815年版”之外，慕维廉可能还参考了其他书籍。

综上，可以确定“1815年版”是《格致新机》的重要底本。

《格致新法》：《新工具》导读性著作第一部分的节译

慕维廉的《格致新法》有两个版本：其一，连载在《格致汇编》1877年第二、三、七、八、九卷中（下文称“汇编版”）。《格致汇编》是英国人傅兰雅（John Fryer，1839—1928）在1876年2月创办的月刊，1890年起改为季刊，中间经过停刊、复刊，其停刊时间不详，现存最后一期为1892年冬出版的第七年第四卷。其二，连载在《万国公报》1878年第五百零五至五百十三卷“政事”栏（下文称“公报版”）。慕维廉是这两个刊物的重要供稿人。

《格致新法》两个版本有一些差别：第一，在结构上，“汇编版”有“总论”及正文七卷，而“公报版”有

[1] James Spedding, Robert Leslie Ellis & Douglas Denon Heath(eds), *The Works of Francis Bacon*, V.4, London, 1858, p.98.

“小序”无“总论”，并缺正文第七卷，其他相同（见表2）。“小序”为慕维廉的序言，“总论”则是概述培根所处时代的思想环境，以便定位培根的贡献，其中对当时占主导地位的亚氏学说批评甚为激烈。“公报版”用“小序”替换“总论”，不知是不是因“总论”激烈批评亚氏学说而引致天主教的反对而作出的处理。至于“公报版”缺第七卷的原因，目前暂无头绪。第二，在语言表达上，“公报版”更为流畅，错误也较少。

两版《格致新法》的基本结构相同，与《格致新机》相近，乍看之下很容易将它们看作是《新工具》的又一节译。实际上，《格致新法》采用第三人称论说，全文不分条，引用了不少培根以后的科学史事例（如牛顿等），显然不是依据《新工具》原文译出。慕维廉也曾明确说道：“上所略论《格致新法》之书，以下再当译出全意续载。”（《〈格致新法〉总论》）但是，慕维廉在译介中将《新工具》译为《格致新法》，如《〈格致新法〉总论》“我今所作，即解《格致新法》”，又用《格致新法》作书名，使得两者很易被混淆。实际上，《格致新法》是《新工具》的导读，并非原文译介。

《格致新法》有没有底本？王慧斌、尚智丛提出，它的底本是英国约翰·霍普斯（John Hoppus，1789—1875）的哲学著作《培根〈新工具（或科学研究方法）〉解读》（*An Account of Lord Bacon's Novum Organon Scientiarum; Or, New Method of Studying the Sciences*）[1]。这是霍普斯

[1]王慧斌、尚智丛：《“理”、“法”、“机”：〈新工具〉最早传入中国的三种形态》，《自然辩证法通讯》，2018年第12期。

的第一本哲学著作，1827年在英国伦敦出版，为英国实用知识传播会（The Society for the Diffusion of Useful Knowledge）出版的《实用知识丛书》（*Library of Useful Knowledge*）之一。霍普斯对《新工具》全文进行了导读，慕维廉和沈毓桂只译了第一部分。笔者对两书作了比对，结果如下：

第一，在结构上，霍普斯此书也将《新工具》第一部分正文划分为七个部分，和《格致新法》一致（见表2）。有趣的是，霍普斯的划分和“1815年版”一致，他很可能参考了此版英译。如此一来，慕维廉的系列译介都具有相同的七卷结构。如果再对比《格致新法》与《格致新理》《格致新机》的卷名，《格致新法》似乎对《格致新机》的卷名修订产生了影响。

表2　《格致新法》与约翰·霍普斯《新工具》导读性著作结构比较

汇编版	公报版	*An Account of Lord Bacon's Novum Organon Scientiarum*
（无译介者序）	培根《格致新法》小序	
《格致新法》总论		长序（未标小标题）
弁言　第一卷	弁言	I. General Prefatory Remarks
心中意像或名诸疑大源　第二段	心中意像或名诸疑大源　第二段	II. The Idols of the Mind; or Grand Sources of Prejudice
伪学数等　三段	伪学数等　三段	III. Different Kinds of False Systems of Philosophy
伪学形迹　四段	伪学形迹　四段	IV. Characteristics of False Systems
格学差谬诸因　五段	格学差谬诸因　五段	V. Causes of Error in Philosophy

（续表）

汇编版	公报版	*An Account of Lord Bacon's Novum Organon Scientiarum*
格学振兴希望之基　六段	格学振兴有希望之基　六段	VI. Grounds of Hope regarding the Advancement of Science
推论新法略言七段		VII. Further Remarks Preparatory to the Inductive Method

第二，在内容上，慕维廉除对原文的例子作语境化处理外，未超出霍普斯导读著作的范围，但明显作了删减。

由此可见，《格致新法》的底本是霍普斯对《新工具》的导读性著作。

从上述分析可见，慕维廉的《新工具》系列译介实际上有两个不同的系列：一为节译自英文原文，一为节译自导读性著作。将这些译介合观时，很容易发现书名呈现出从“新理”“新法”到“新机”的变化。这表明他们对书名中“organum”的理解发生了变化。这变化的根源很可能和霍普斯的导读相关。查“1815年版”，它直接使用培根的拉丁文卷名，未用英语进行解释，但霍普斯用英文解释了培根的书名：

> Its title was probably suggested by Aristotle' s Organon, containing his Logic; it is called *Novum Organon Scientiarum*, or *New Method of Studying the Sciences*, from the Greek word *organon*, which

signifies an *instrument* or *machine*.[1]

霍普斯提出，“organon”源自亚里士多德的《工具论》，是一个希腊词，意为工具或机器。他则将它解释为方法（method），这也是他书名后半段的由来。对于这段解释，慕维廉节译为：

其书名《格致新机》，又名《新法》。（《〈格致新法〉总论》）

慕维廉略去了涉及亚氏的文字，应是考虑到中国读者没有足够的知识背景。重要的是，对照霍普斯的原文，慕维廉用“机”对应希腊语“organon”的原意“instrument or machine”，用“法”对应“method”，并没有“理”。就准确性而言，“理”不如“机”。“理”作为名词，本身指玉石中的纹理，逐渐引伸为可分析的条理、规则等。[2]宋明理学兴起后，“理”又被赋予了本体论的意义，成为万世不变的准则、是非得失的标准。培根《新工具》要给人们提供科学研究的方法论指导，特别是第一部分主要是阐述经验主义的认识论原则[3]，并非给出科学准则或原理。对此，培根在第一部分第二条就提出要给人类的理解力提供工具，《格致新机》将它译为“手无器，心无机，则不能多行。二者各需其要，以行其工：如手有器，即能

[1]John Hoppus, *An Account of Lord Bacon' s Novum Organon Scientiarum; Or, a New Method of Studying the Sciences*,（London, 1827）, p. 9.

[2]王国维：《静庵文集·释理》，沈阳：辽宁教育出版社1997年版，第38页。

[3]余丽嫦：《〈新工具〉导读》，成都：四川教育出版社2004年版，第111页。

行动；心有机，即能提醒，保存其明也”（《格致新机》第二条），“机”即工具，而“法”则是《新工具》第二部分的内容。很可能受霍普斯的这一提醒，慕维廉也觉得“机”比“理”或“法”更能准确传达培根的意思，故而后来将《格致新理》易名为《格致新机》。

三、译介意图

慕维廉的系列译介只涉及《新工具》的第一部分。他们并非不知道《新工具》共有两部分，所依据的底本也有两部分。对此，《格致新法》也明确道：

> 夫《格致新法》全书，分作两大段，第一段指引第二段，盖欲预备人心承接第二段之道，传述新法以阐天地之功用，而扩世人之权于其上矣。[《格致新法（〈格致汇编〉版）·续格致新法》《格致新法（〈万国公报〉版）·弁言》]

按，引文中的“段”相当于现在的卷或部分。引文明确《新工具》由两部分构成，第一部分偏重“预备人心”，即清理人类理解力中存在的谬误，倡导经验主义的认识论和方法论；第二部分才是“传述新法”，主要是依据科学史知识来具体阐述如何应用归纳方法。慕维廉选择译介第一部分，显然有意为之：一方面，培根思想的精华在第一部分，尤其是“四假象”说。《格致新法·心中意像或名诸疑大源》写道：“盖培根所著之书，此段奉为至宝而尤为甚要，以人寻加识见及真理。”第二部分则明显有其局限性。《格致新法·格学振兴希望之基》说“培根所著之书亦稍有此等纲目，惜乎真伪互见矣”，明确指出《新工具》第二部分所含编写自然科学史（“此等纲目”）的内容“真伪互见”。另一方面，第一部分比第二部分更易于被中国读者接受。这是由于第二部分涉及大量西方科学史知识，要把握它，需要有较好的西方科学史背景。慕维廉无疑断定中国读者的西学储备还不够，系列译介就有意删减了这些内容。慕维廉的判断合理，即使是现在中国的一般读者，也未必具备理解第二部分的西方科学史知识背景。

从刊发时间来看，《格致新理》还没在《益智新录》刊毕，《格致新法》就已在《格致汇编》连载。这表明，慕维廉在节译完原文后紧接着节译导读性著作，时间安排十分紧凑。何以如此急于节译导读性著作？这应与《新工具》第一部分破立结合、以破为主的写作方式有关。许宝骙曾对第一部分的结构概括道：

> 本卷一三〇条，旨在“先为人心做好准备，以便它去理解并接受下卷所说的东西”。这又从两方面来做：一方面，首先“刷洗、打扫和铲平心的地面”，就是廓清“某些旧见解的强烈成见”（一至一一五条，是“破坏部分”）；然后，另一方面，“还要把心放在一个好的位置亦可说是一个便利的方位上去看摆在它面前的东西”，就是使人们对所介绍的新事物不先存“一种虚妄的预想或预期”而先得“一些健全的和真确的看法”（一一六至一三〇条，为下卷——或可说是建设部分——预作交代）。前一方面或前

> 一部分，按其内容实质来说，包含着三个驳辩：一是关于任其自流的人类天然理性的驳辩，二是关于论证的驳辩，三是关于学说亦即关于公认的哲学体系和教义的驳辩[1]。

《新工具》第一部分主要内容重在破坏旧的传统，具有很强的针对性，如在三个驳辩中，第二、三就涉及亚氏的逻辑学以及西方学术思想的变化。在驳辩中，培根没有详细交代相关的背景知识，以论为主。这种写作方式与培根设定的读者群相关。培根有意用当时欧洲通用的学术语言即拉丁语进行撰述，目的就是提供给欧洲学者阅读。这些学者本身就熟悉这些内容，因而根本不用太多介绍。但当它被移译到中国，这给当时西学储备不足的中国读者带来了严重的阅读障碍。不了解培根所针对的西方思想，就很难切实把握其思想，也就无从确立其价值和意义。更何况，慕维廉的译介又节减了原书中的一些西方思想史内容，尽管这没有影响全书的逻辑，但对中国读者而言无疑是难上加难。这就需要导读性著作来辅助中国读者理解。慕维廉显然考虑到这一层，故节译了《格致新法》来作为配套读物。由于《格致新理》只译了第一部分，《格致新法》也就相应只译第一部分。就重要性而言，导读性著作显然比不上原作，故而慕维廉后来选择印行《格致新机》单行本，而非《格致新法》。

按照沈毓桂《格致新机》序所述，两人译介《格致新理》时已颇尽心费力，估计译介《格致新法》也一样。

[1]培根著，许宝骙译：《新工具》，北京：商务印书馆1984年版，第7页。

慕维廉如此辛勤主导译介，其中一个重要原因无疑是认为《新工具》有助于促进近代中国的科学发展。慕维廉在《格致新法》序言中明确写道："是书声名洋溢，始焉虽若扞格不入，而于二三百年之间，凡有志修明者，莫不奉为圭臬。今余翻译华文，逐渐登报以博众览，俾好学深思之人考订有具，非凿空为难耳。惟愿人人通晓新法，不求精而日精者矣，将见人才辈兴，政务裨益。夫岂寻常学问所可同日语哉！"（《格根〈格致新法〉小序》）1897年重印《格致新机》时，他在原序的基础上再补充道："兹中国制造枪炮，开矿造路，设立学堂、机器诸工程，皆可于此取材，而自强之道以及作育人才，亦可于此取法。盖所创诸端，宜乎探索是书之意。惟欲有裨于中人而已，爰特重印以供众览。"（《〈格致新机〉重修诸学自序》）艾约瑟也说："其（慕维廉——笔者注）与诸生谈论圣道也，元元本本，殚见洽闻，兼发明格致之理，冀华人知各国肇基之始末、富强之功效。"[1]

慕维廉希望培根《新工具》能为近代中国科学的发展提供助力，使中国强大起来，无疑是实情，"惟欲"则恐怕未必。毋庸讳言，来华传教士肩负着在中国传播基督宗教的使命，尤其是慕维廉，其传教使命感特别强烈。他热衷于传教，去世前还以78岁高龄登台布道。毕德恒、艾约瑟、沈毓桂等所写传略中都极力称赞他不懈传教，如毕德恒称他"惟于传道济人两大端，矻矻孜孜，未尝稍事宴安，历始终如一日越"[2]。这种强烈的传教意识，使他质疑译介西学对传教的意义。以学术传教是明末在华耶稣

[1]艾约瑟：《慕维廉先生轶事》，《万国公报》，1900年第143期。

[2]毕德恒：《伦敦会教师慕维廉先生事略》，《万国公报》，1900年第142期。

会士利玛窦（Matteo Ricci，1552—1610）探索出来的策略，为后继不少传教士（包括新教传教士）采用。在华传教士译介西学，不仅仅可以展示西方文明的伟大而去除国人的天朝大国心态，借助西学吸引他们关注西教，而且可以为基督宗教的散播提供必要的理性基础。基督宗教是启示宗教，认为人类透过理性能力能认识到上帝这一终极真理，从而信仰上帝。科学探究是人类理性能力运用于自然界的活动，因而可辅益于宗教信仰。故而在基督宗教的教育训练中，看重理性能力的培养，如学习逻辑学等。慕维廉初来华时，也和艾约瑟等其他在华传教士一样热衷译介西学，如译《地理全志》《大英国志》等，但慢慢发现这并非传教的必要。1858年慕维廉在一封信中写道："培育和教授各门科学，在某些方面看来，是愉快和有益的，但是无助于直接推动福音的传播，并且对于一个充满信仰、能力显著的基督的传教士来说，也并非必不可少。"[1]他在1870年出版的*China and the Gospel*（《中国与福音》）中解释道："这些人总的说来对基督教没有特别的兴趣。虽然十分崇拜我们的科学著作，他们却无意于皈依我们的宗教体系，而只是满不在乎地坚持自己的道德和功利信条。"[2]就传教而言，他的质疑并非无理。以学术传教本就意味着西学和西教本非一物，学术只是实现传教目的的一种手段。慕维廉观察到不少中国人将西学和西教分开对待，关注西学而不关注西教，也非虚言。利玛窦本人在确

[1]慕维廉1858年7月29日信，载《传教杂志》，1858年11月号，第244页。转引自叶斌：《上海墨海书馆的运作及其衰落》，《学术月刊》，1999年第11期。

[2]William Muirhead, *China and the Gospel,*（London, 1870）, pp. 193—194. 转引自叶斌：《上海墨海书馆的运作及其衰落》，《学术月刊》，1999年第11期。

立学术传教策略时，也深悉西学只是在华传教的敲门砖：“还有些人把神父请到他们家里，为的是听取并学习我们的科学，于是神父们开始利用种种机会进行布道或介绍圣教，许多学者和要人都听取了教义，而且愿意接受。”[1]通过西学对士人的吸引，利玛窦等赢得了向士人传教的机会，带来不错的效果：“在短时间内，有七十人左右归信了天主。”[2]对络绎不绝的参观者而言，归信天主教的比例应该不算太高。由于利玛窦正在谋求在华立足的机会，因而他从积极面来看待学术传教。慕维廉身处的时势已与利玛窦大不相同，传教已得到许可，而且随着洋务运动的展开，关注西学的国人无疑大幅增加，但新教在华的传播并不算顺利。慕维廉的强烈传教意识也使他关注传教的即时效果，因而他更倾向于从消极面来看待学术传教，从而产生质疑。后来，他不太热衷于译介西学。

慕维廉的《新工具》系列恰好出现在质疑之后，他如此用功既节译原文，又节译导读，难道它们与传教事业直接相关？这涉及新教在华传教所面临的挑战。概略而言，挑战主要有两方面：一方面是中国本土文化传统。中国有着悠久而复杂的文化传统，在普通民众和士人两个阶层中都有与基督宗教信仰相违的传统：在普通民众中，广泛存在着诸如堪舆、相命、拜神等习俗，其中不少一直被传教士诟病为迷信活动。而士人阶层的迷信活动相对较少，但其中起主导作用的是宋明理学。宋明理学排斥鬼神等迷信，但以天理为本体，强调万物一体之仁，又被传教

[1]利玛窦著，文铮译，梅欧金校：《耶稣会与天主教进入中国史》，北京：商务印书馆2014年版，第342页。

[2]同上书，第343页。

士视作无神论或唯物论。另一方面是在华天主教带来的压力。新教由天主教改革而来，就教外人来看，两者甚多相似之处。而天主教自明末入华，新教如果从1807年马礼逊（Robert Morrison，1782—1834）入华算起，在华传教时间不算长，明显处于劣势。据沙百里《中国基督徒史》的统计：1853年，中国新教徒仅有350人，天主教徒则有33万人；至1889年，中国新教徒有37 289人，天主教徒则约有50万人。[1]这些数据大致反映出天主教在华的势力具有碾压新教的优势。对19世纪来华的新教传教士而言，他们明确秉持着新教优于天主教等其他宗教的等级观念[2]，要将所信奉的正教传播开去。面对在华天主教，新教传教士无疑有着巨大的压力，因而他们将天主教作为在华传教事业的主要敌人，予以极力诋毁。

慕维廉的传教意识尤其强烈，不可能无视这些挑战的存在。他要译介培根的《新工具》，不仅在于它具有在科学研究上“莫不奉为圭臬”的影响力，而且还在于它的思想能有助于新教应对这些挑战。

应对中国本土传统文化的挑战

培根是一个虔诚的新教徒，不反对宗教信仰。《新工具》以宗教信仰为前提，目标是恢复上帝赋予人类统治自然的权能。培根在书中明确提出自然哲学可以充当宗教的“最忠诚的侍女”：

[1]沙百里著，耿昇、郑德第译：《中国基督徒史》，北京：中国社会科学出版社1998年版，第252页。

[2]周伟驰：《总序》，载李提摩太、蔡尔康译，姚达兑校注：《大同学》，广州：南方日报出版社2018年版，第12页。

> 按照上帝的话来说，自然哲学实在既是医治迷信的最有把握的良药，同时又是对于信仰的最堪称许的养品，因而就正应当被拨给宗教充当其最忠诚的侍女，因为宗教是表现上帝的意志，后者则是表现上帝的权力的。[1]

自然哲学的发展可以减少迷信，为基督宗教信仰提供理性基础，同时能够实现上帝赋予人类统治自然的权力。但是，《新工具》由于倡导经验主义的认识原则与方法，强调从自然界本身进行研究，所体现出的理性与信仰又存在着逻辑冲突。所以，培根也强烈抨击经院哲学，反对宗教对科学的干涉，如："还有一个不应忘记的情况，就是自然哲学在各个时代中都曾有一个麻烦而难对付的敌人，那就是迷信和对于宗教的盲目而过度的热情。"[2]对于《新工具》这种理性与信仰的二元论态度，有学者指出："培根既看到信仰与理性的对立、排斥，同时亦安然让这种对立、排斥保存在各自的领域里。"[3]"这种二元论既谋求哲学从神学中解放、独立出来，促进科学的发展；也为宗教免受科学的侵害而保护信仰。"[4]这种二元性恰为慕维廉提供了一定的空间，使他可将有利于宗教的论述用来应对中国文化传统的挑战。

对于民间的迷信活动，慕维廉着力发挥培根自然哲学可以扫除迷信的论述。慕维廉在《格致新机》自序中写

[1]培根著，许宝骙译：《新工具》，北京：商务印书馆1984年版，第76页。
[2]同上书，第74页。
[3]余丽嫦：《培根及其哲学》，北京：人民出版社1987年版，第430页。
[4]同上书，第432页。

道："是书阐明其法，相辅而成，扫除世间之习俗与内心之旧染，光烛夫寰区而开新路于中原。"（《〈格致新机〉重修诸学自序》）要扫除哪些"习俗"和"旧染"？此序没有明言，但《〈格致新法〉总论》中有一段话可资参照：

> 中华自古迄今亦有异说兢起，必当猛绝，如星卜、堪舆等，其所为学者小而且微，人每考察之而即有所阻也。凡此事系乎万国众人，去前时之蒙昧而顿开益智，绝世俗之故态而咸与新法，是中国所大幸也。

此语为慕维廉添加，非霍普斯所言。慕维廉特意提出"必当猛绝"星卜、堪舆等，这些是当时民间的习俗，自利玛窦来华即被看作是迷信[1]。再结合前引自序，不难看出他扫除中国民间迷信的用意。更能体现其意图的，是对英译及导读中"superstitious"（迷信）的翻译。培根在书中强烈抨击迷信，特别是在第62条批判"士学伪像"时，提出有三种错误的学说体系让人产生假想，它们分别是：诡辩的、经验的和迷信的。培根全书所指的迷信，不仅指信从鬼神等超自然力量，而且还指盲目信从古人、伟大人物、普遍同意等。后者才是培根着力的重点所在，前者只是简略带过。培根的偏重不难理解：当时主导欧洲的是基督宗教，其教义强烈反对信奉上帝之外的其他一切鬼神，

[1]利玛窦著，文铮译，梅欧金校：《耶稣会与天主教进入中国史》第一卷第九章"中国的迷信与其他陋习"，北京：商务印书馆2014年版。

因而西方并不多见鬼神等迷信。英文“superstitious”词意为将东西放置在理智之上而导向的非理性，它传达出培根批判迷信的实质是反对非理性、盲从。慕维廉的系列译介则用以“鬼神”为核心的语词译“superstitious”[1]，明显突出了鬼神这一类中国常见的迷信，但忽略了培根更为重要的盲从古人等，明显缩窄了批判的幅度。而且，慕维廉在译介中大量使用中国民间习俗替换书中的例子，更突出了扫除鬼神等常见迷信的重要性。如：

> 或有徒猜万物之功用有诸奇事，如阴阳合与否。若成何工只独美誉，令人诧异，无有结果便益也。（从本然巫觋者之行）（《格致新机》第八十五条）

这段引文是该条的末尾部分。引文第一句主要是批判自然幻术（natural magic）者使用交感和反感（sympathies and antipathies）等拟人化的理论来解释一切事物。慕维廉将交感和反感译为“阴阳合与否”，存在着语义差距。阴阳理论与《易》相关，是古人把握一切事物统一、对立和互化的范畴，并非对自然的简单拟人化解释。同时，阴阳理论已浸润为国人的思维方式，成为传统社会的重要理论基础。不可否认，其中不少被视作迷信的习俗即建基其上，如传统婚配的“合八字”等，但并非所有都如此，如用阴阳来解释四季的更替等。当慕维廉在夹注中概括为

[1]如《格致新机》第六十二条用“鬼神”，第六十五条用“鬼神异端”，夹注用“鬼神之道”。两版《格致新法》中的“伪学数等”也被译为“从鬼神异端”。

“从本然巫觋者之行”时，直接将阴阳理论等同于巫觋的学说，作为“奇事”一并扫除，这明显过于偏颇。这突显出慕维廉意图借助《新工具》去除鬼神等迷信，为基督宗教的传播提供所需的理性基础。这带来的结果是，读慕维廉的译介，感觉它们是培根专为去除中国的迷信而作的，改变了培根批判迷信是为了去除科学研究上的一切非理性观念，并非局限于鬼神束缚的本质。

对于主导士人阶层的宋明理学，慕维廉采用既拉又打的方式。慕维廉的《格致新机》序就体现出这一特点：

> 朱子所谓“推极吾之知识，欲其所知无不尽；穷知事物之理，欲其极处无不到”，“盖人心之灵莫不有知，而天下之物莫不有理，若不因其已知之理，而求其未知之理，循此而造乎极，则必于理有未穷，而于知有不尽矣”。今（余）译《格致新机》一书，揭其未知之理，穷其理而造其极，于是其道赅矣，其本得矣，扩充《大学》明德之功，益广格物致知之理。惟华人徒沾沾于《诗》《书》六艺之文，不究夫大本大原之旨，而孰知政事学问之外更有进焉？必从事物推乎上，而归乎大原；又从本原推于下，而赅于格物。若能格物穷理，推原其本，则道大日新，获益无穷矣。
>
> 格致之法有二：一，推上归其本原；一，推下包乎万物。此二法，在西国兼用之，而得其益。论推上之法，从地下万物归于上；推下之法，从天上本原畀于下。二者兼全而足据者也。从推下

之意，可究其推上之实，毫发不遗。万物皆上帝创造，人若舍本就末，不归上帝，而惟归一理，岂非天良澌灭，人心汩没者哉？夫万物有当然之理，系乎天。天者，非清气之天，乃天上之主，即上帝也。（《〈格致新机〉重修诸学自序》）

他以朱熹“格物穷理”的理论为出发点，批评传统士人只着眼于经书或政事学问，而无法探究“大本大原之旨”，而《格致新机》则提供了“穷其理而造其极”的途径。他进而提出“格致之法”有两种：一种是“推上之法”，从事物推到本原，即归纳法；另一种是“推下之法”，从本原推到万物，即演绎法。“上”“下”显示出归纳、演绎在思维方式的基本差别。但慕维廉用上帝创世论来赋予两法以宗教意义：“推上”以探究“天上本原”，即以上帝为依归；“推下”对万物的探讨是为了“究其推上之实”，仍以上帝为依归。由此，他用宗教信仰替换了两种方法的客观理性特征。就方法本身而言，这肯定有别于培根。培根在书中倡导归纳法，把它作为客观可靠的科学方法来使用，没与上帝直接关联；大力抨击演绎法，尤其是亚里士多德的三段论。以后见之明来看，培根重归纳轻演绎具有明显的偏颇性，科学的发展表明两者都非常重要。慕维廉此处并提演绎和归纳，似有纠偏之意。但在大方向上，慕维廉又非全然无据。最直接的依据是《新工具》第八九条，慕维廉将它节译为：“夫格学真理可以辅翼圣教，显指上帝旨意权能，故不当退然畏葸。查万物真理，其意引人从真道。”（《格致新机》第八十九条）译文以简洁的方式传达出培根认为自然哲学有助于传播宗教信仰的想法。将科学方法的目标确立为认识上帝这一“天上本原”之后，慕维廉批判抹杀上帝的学说：以理为本及将天解释为自然之天（“清气之天”）。明眼人一看就知道这是针对宋明理学。慕维廉的这种批判并不新鲜，自明末利玛窦来华即开启了传教士批判宋明理学的端绪。就整体而言，慕维廉对宋明理学的既拉又打仍属于常见的“补儒”说系列，只是他借力于培根。

有趣的是，慕维廉在自序接近末尾处声明道：

> 更有一事，格物之学非关乎性理天道也。因格致系乎外，而性理系乎内，故曰“率性为道”。性具于内，而探良心与理心者，而性理可明证也。若欲溯原天道，幸有圣教一书，由天默示，足增聪慧，学其道而亲其光，则日进夫高明之境。（《〈格致新机〉重修诸学自序》）

按其意，格致、性理、天道三者在对象、来源上各具独立性：格致研究的是外在自然界（“系乎外”），性理探究人内在的良心和同心（“系乎内”），而天道则需要学习由上帝启示而来的《圣经》。如此一来，就与前文所称“格致之法”以认识上帝为宗旨的说法相抵牾。而且这也违背了培根的思想，培根尽管力图保持宗教和科学的独立性，但认可道德与宗教有联系。慕维廉何以要作这一补充？这很可能反映了他科学和宗教分立的态度，他就主张译介西学并非传教所必需。同时，通过这种切割，也可展示新教与天主教的不同，避免培根《新工具》对宗教压制科学的猛烈抨击波及新教。对此问题，下文再述。

慕维廉在《格致新法》中也撰有小序，亦以朱熹对《大学》“格物穷理”的诠释为基础，但明显不同于《格致新机》自序，去除了宗教色彩。小序认为，“格物穷理”的对象只是性理与天地万物，天道并不在内。这延续了《格致新机》自序中所作的阐释。他进而批评传统中西士人“设有考究天地功用、内心理学，则必依前人之遗传，鲜有作新之妙意，不知其间诸谬，亦无实用攸关之事焉”，而培根《新工具》的出现使西方科学的发展改观。由此，他批评中国传统的格物、性理“无实用”。这一批评贴合培根在书中传达的的思想。小序所展示的意图和自序有很大区别，不知是受《万国公报》淡化宗教色彩的影响，还是另有原因。

应对在华天主教的挑战

培根的《新工具》也有助于慕维廉应对来自在华天主教的挑战。

第一，培根《新工具》本来就针对亚氏《工具论》而作，亚氏的学说是他批评的重点所在。如：

> 论其上第一等之原，古有名士亚利斯度得，在西国数千年中，其格学独立寰区，以其辨论之道污夫格物之学。惟任其意，蛊厥诞辞，杂于物理，宁可自欣而言执定，不欲得天地真理矣。观其书，虽有多试行，而未试之前，先言已道，亦弗穷考之，以成其公论与执意，惟任己欲而拟定之，即挽其见识而引服其本有之意见。故此士比其后徒全不动见识者，更当见责。（《格致新

机》第六十三条）

按，“其上第一等之原”指培根所称“士学伪像”中的第一类，即诡辩。培根将亚氏作为诡辩的典型代表，激烈批评亚氏以三段论的演绎方式来构建自然学说，先行推导出结论（“先言已道”），再用经验来迁就其结论（“挽其见识而引服其本有之意见”）。在培根看来，亚氏以坏的方式使用经验，因而比后世那些完全抛弃经验的人罪责更重。诸如此类对亚氏学说的攻击，书中并不少见。《〈格致新法〉总论》所译霍普斯的导读，批判亚氏也甚烈。对亚氏的批判，在一定程度上冲击了在华天主教。要知道，自明末来华的天主教传教士都受当时主导欧洲的托马斯·阿奎那神学的影响。阿奎那的神学恰是以基督宗教观点来解释亚氏而构建的学说体系。因而，在华天主教都极力宣扬亚氏，撰著了一大批以亚氏学说为中心的作品，如艾儒略（Giulio Aleni，1582—1649）的《性学粗述》，赖蒙笃（Raimundo del Valle，1613—1683）的《形神实义》，傅泛际（Francisco Furtado，1587—1653）、李之藻（1565—1630）的《寰有诠》《名理探》，高一志（Alfonso Vagnone，1556—1640）的《西学治平》《修身西学》，等等。培根作为近代科学的先驱，将亚氏学说斥为诡辩，这势必引导中国读者质疑天主教理论的可靠性。慕维廉在这方面可以不必添加什么，只须译介出来，就能产生贬抑在华天主教的效果。

第二，培根还抨击了历史上宗教对科学的压制，霍普斯的导读又作了强化。培根反对宗教对科学的压制，将它作为科学难以发展的一个重要原因，如“今时争论天地，亦属危险，因不遵古士遗传之理。于此，中西前时若仿佛也。（格学不遵教中之道，故危也）”(《格致新机》第八十九条)，但培根并未直接举具体的例子。霍普斯则举了一些科学史例子予以说明，如“新制千里镜士，名加力略，囚罗马狱，因言地球自转本轴，彼致受刑三年”(《格致新法·格学差谬诸因》)，此处指伽利略遭受罗马教廷审判的事。其中，霍普斯原文说伽利略被判罚每周重复诵七首忏悔诗一次，持续三年[1]。慕维廉笼统地节译为“受刑三年”。中国传统的刑罚通常给人严酷的印象，这一节译显然有助于加剧中国读者对天主教的厌恶感。

当然，慕维廉需要尽可能避免培根的上述批判波及新教，这就需要厘清新教与天主教、科学的关系。对于新教与天主教的关系，慕维廉虽然在这系列译介中没有明言，但《〈格致新机〉重修诸学自序》称之“圣教”，《〈格致新法〉总论》中译为“耶稣圣教”：“由此时迄至明季，亚力权柄仍在，究人心渐备而克去之，以望佳日稗益格致，即文学振兴、印书开新与耶稣圣教肇兴，皆预备天下得着新光而散去格学黑暗之事。”此处的“耶稣圣教肇兴”对应霍普斯的“the Reformation”[2]，指欧洲的宗教改革。一般来说，改革有以前者为基础的承接之意，而慕维廉所用的“肇兴”一般指初起、始兴，带有较强的初始之意，有抹掉新教对天主教的承传之嫌。《格致新机》第七十条写道：“在西国耶稣教收而振兴之后，有才者大半力行教中之事，因其锡赉尤为便益也。”此处“耶稣教”

[1] John Hoppus, *An Account of Lord Bacon's Novum Organon Scientiarum; Or, New Method of Studying the Sciences*, (London, 1827), pp. 31—32.

[2] 同上书，p. 7.

指天主教，没加“圣”字。有学者指出，慕维廉1879年在日本出版的《五教通考》将新教作为耶稣正教，将天主教排斥在当时中国的主要宗教传统之外。[1]《格致新机》在《五教通考》之后，而且是重印本，不用“圣”指称天主教显然是有意为之。对于新教与科学的关系，前述慕维廉曾在《〈格致新机〉重修诸学自序》说天道与格物无关，存在于“圣教一书”中，这实即表明新教并不压制科学的发展。而在《〈格致新法〉总论》中，慕维廉译介霍普斯的话，将新教的出现看作是“皆预备天下得着新光而散去格学黑暗之事”。经过慕维廉的处理后，培根的批判似乎只与天主教有关，而与新教无涉，甚至于新教的出现还能有效驱除天主教压制科学的黑暗。

与此同时，慕维廉有意强化培根《新工具》的权威性，将每条箴言都称为“公论”[2]，《格致新机》几乎每卷卷名都有“公论”二字。中文的“公论”带有公共认可、公平之意，带有很强的权威色彩，这显然不合培根之意。实际上，培根明确提出他的著述并非全然正确，《格致新机》一百十八也有节译：“凡事初起，必有失误。”霍普斯也明确提出：“彼后戒阅者观其纲目拾级，有数试行者或有似无全证，或为全伪。在格学初时必有可望此差谬，培根之事亦无不有也。但因此稍些之差谬，不当疑惑彼所新制者有差谬之基、未定之理。”（《格致新法〈格致汇

[1]陈怀宇：《近代传教士论中国宗教：以慕维廉〈五教通考〉为中心》，上海：上海人民出版社2012年版，第66页。

[2]除《格致新机》外，《格致汇编》版的《格致新法·续〈格致新法〉》说：“此书分析诸节，又名‘公论’。”相近内容，也见《万国公报》版的《格致新法·弁言》。

编〉版·推论新法略言》）慕维廉也知悉培根的思想并非全然公允，如前述《格致新机》自序就没有跟从培根贬抑演绎，将"推上"和"推下"同作为重要的"格致之法"。但有趣的是，他并没有特别提及培根的偏颇或不足。这意味着他在维护培根的权威性。只是在刊刻《格致新机》重印本时，慕维廉才在自序中增加了一条附识："题目'公论'二字亦可改易，底理实有真据，庶可无疑。"（《〈格致新机〉重修诸学自序》）虽然慕维廉承认"公论"的使用有问题，但仍强调"庶可无疑"，重印时仍予以保留。或许他认为删掉"公论"，将导致培根的权威性下降，而基于培根所作出的对本土文化传统及在华天主教的应对，也将随之大打折扣。

四、译介的影响和问题

慕维廉首次将培根《新工具》译介到中国，而且使用了多种媒介渠道来传播。《格致新法》先后刊发于《格致汇编》和《万国公报》，这两份刊物在当时阅者甚众。《格致新机》先刊发于《益智新录》，后又出了两个单行本：1888年初刻，被分送到广州、杭州、济南、武昌、南京、北京和太原的科举考试点并派发；慕维廉称初刻本发行后，"阅者甚为嘉许，几于不胫而行"（《〈格致新机〉重修诸学自序》），1897年经重校后再刊刻了500册并派发[1]。无疑，有不少时人看过这系列译介，当时的书目类著述就有收

[1]邹振环：《慕维廉与〈新工具〉》，载朱维铮主编：《基督教与近代文化》，上海：上海人民出版社1994年版，第203页。

录。如梁启超（1873—1929）《西学书目表》“格致总”中记道：“格致新机　慕维廉　广学会本　一本　一角”[1]；徐维则（1867—1919）《增版东西学书录》记有“格致新机七卷　广学会，一册”，同时还说“《汇编》一有慕氏《格致理论》，可参证。又二有慕氏《格致新法》，疑即《新机》之节译本”。[2]但慕维廉声称的“阅者甚为嘉许”似有夸张之嫌。按常理而言，这系列译介传播范围不小，而且是培根名著的首个中文译介，本应成为时人了解培根的重要凭借，但实际影响力似乎没有想象中大。

上海格致书院己丑（1889年）春季的考课为窥测这系列译介的影响力提供了个案。此次课考题目是：“问《大学》格致之说，自郑康成以下无虑数十家，于近今西学有偶合否？西学格致始于希腊阿虑力士讬德尔，至英人贝根出，尽变前说，其学始精。逮达文、施本思二家之书行，其学益备。能详其源流欤？”[3]题目分为两问，一是比较中西格致的差别，二是叙述西方科学的源流。由于第二问明确了培根在西方科学发展史上的地位，使得培根成为不可回避的对象。格致书院对应征作品评定了等级，选刻了其中四篇超等征文。通过分析这四篇征文，可以把握关注西学的时人对培根的认知程度和接受渠道。第一篇为

[1]夏晓虹辑：《〈饮冰室合集〉集外文》，北京：北京大学出版社2005年版，第1143页。

[2]徐维则辑，顾燮光补：《增版东西学书录》“理学第二十五”，1902年，载熊月之主编：《晚清新学书目提要》，上海：上海书店出版社2007年版，第139页。徐维则对《格致新法》与《格致新机》的关系并不明晰。

[3]《格致书院课艺》第二集“格致西学”，上海：上海富强斋书局1898年版，第16页。“阿虑力士讬德尔”即亚里士多德，“达文”即达尔文，“施本思”即斯宾塞。

蒋同寅（生卒年不详）所写，文中简略提及培根："迨中国乾隆时，英人贝根者出，始推翻前说，一以讲求实理考据事物为准。"[1]蒋同寅认为"乾隆时"培根"出"，显然有误。慕维廉的系列译介明言"倍根生于明嘉靖四十一年"（《〈格致新法〉总论》），《新工具》著于"明朝万历年间"（《〈格致新机〉重修诸学自序》）。而且，概括培根思想的用语也与系列译介有别，特别是"考据事物"为系列译介所无。将培根的基本情况弄错，这表明蒋同寅至少没有认真读过慕维廉的系列译介，也很可能不是借助英文著作来认识培根。第二篇虽署名为"浙江定海县附生王佐才"，但它与第四篇一样，出自钟天纬（1840—1900）之手。[2]这两篇征文提供了培根的家境、生平等情况，为系列译介所无；用语与系列译介明显不同，如概括培根宗旨是"必须藉实在证据，方可推阐其理，不可先发虚无之论，而指物以实之"，并将《新工具》译为《论新器》。[3]钟天纬曾入上海广方言馆攻读英语，和在华传教士熟识，应是直接阅读英文书籍来认识培根，并非借途于慕维廉的系列译介。第三篇为朱澄叙（生卒年不详）所作，其中对培根写道："迨至明季万历年间，英国刑司贝根创为新论，谓穷理必溯天地之大原。尚臆说者往往歧于摹想。譬彼大匠，非墨绳不能知曲直，非丈尺不能度长短。

[1]《格致书院课艺》第二集"格致西学"，上海：上海富强斋书局1898年版，第16页。

[2]薛毓良、刘晖桢对此有考证。参见薛毓良、刘晖桢编校：《钟天纬集》，上海：上海交通大学出版社2018年版，第339页。

[3]《格致书院课艺》第二集"格致西学"，上海：上海富强斋书局1898年版，第16—19、23—26页。

必心力与机器互用，方可得其实据，而大略可定。又云格物之学由万物中谨慎汇选，先融化于智慧之心包涵之，去渣滓以存精液，更试验其所行之事而强识之，辨虚诬而归真实。爰是设立二法，曰心机料量，曰天地阐义。一以辅助格致之学，一以研万物之理，其书曰《格致新理》，共分七类……”[1]用语、表述和系列译介完全一致，显然是借由慕维廉的系列译介来认识培根。由此可见，晚清时人对西学的认识已非单一依赖于中文译介。而在依赖中译来认识培根的时人中，慕维廉的系列译介具有一定的影响力，但也不宜夸大。

如果将目光放到当时鼓吹西学的思想家中，慕维廉系列译介所产生的思想印记也较模糊。以下仅举数例。

在近代介绍培根的思想家中，严复（1854—1921）完全迥异于慕维廉，如《穆勒名学》写道：“柏庚《致知新器》一书分人之妄见为四鬼，鬼者人之所崇信者也：一曰国社之魔，二曰岩穴之魔，三曰墟市之魔，四曰台榭之魔。”[2]四“魔”即《新工具》的“四假象”。无论人名、书名还是假象名称，都不同于慕维廉的系列译介，可以断定严复没有参照该系列译介，而是直接阅读英文著作。

康有为（1858—1927）是晚清倡导学习西方的风云人物。他不懂外语，主要依赖中文译介来了解西方，如《万国公报》《格致汇编》。他在光绪十三年（1887年）

[1]《格致书院课艺》第二集“格致西学”，上海：上海富强斋书局1898年版，第20—21页。此文即刊于《万国公报》1890年第20期的朱戴仁《问格致之学泰西与中国有无异同》。

[2]马勇主编：《严复全集》第5卷，福州：福建教育出版社2014年版，第195页。原文疑有误，“鬼”应为“魔”。

日记记有“看《格致汇编》第二年第九卷”[1]，这期即载有《格致新法》。康有为多次述及培根，如《上清帝第四书》写道：“英人倍根当明永乐时创为新义，以为聪明凿而愈出，事物踵而增华，主启新不主仍旧，主宜今不主泥古，请于国家立科鼓励。其士人著有新书，发从古未创之说者，赏以清秩高第。其工人制有新器，发从古未有之巧者，予以厚币功牌，皆许其专利，宽其岁年。”[2]《日本书目志》写道：“原泰西所以强者，自英人倍根立劝工之法始也。倍根当明永乐之时，泰西之穷同中国也。倍根令工人能创新器新法者，皆赏功牌文凭，许其专利，于是举国鹜之。”[3]他的治学偏重制度，屡次称扬培根的专利制度。慕维廉的系列译介虽有培根鼓励创新的言论，但没提专利制度。而且，他说培根是明永乐（1403—1424年）时人，显然是弄错了培根的基本情况。康有为记忆力超强，这表明他即使看过慕维廉的系列译介，似乎也没能留下深刻的印象。

梁启超是当时舆论界执牛耳之人，其《西学书目表》著录了慕维廉的译介。但他在1902年撰写《近世文明初祖二大家之学说》介绍培根时，也没予以参照。仅以文中述及培根“四假象”说的文字为例：

倍根曰：吾人之精神，如凸凹镜，外物之来

[1]康有为：《我史·附日记》，载姜义华、张荣华编校：《康有为全集》第五集，北京：中国人民大学出版社2007年版，第68页。

[2]姜义华、张荣华编校：《康有为全集》第二集，北京：中国人民大学出版社2007年版，第81页。

[3]同上书，第378页。

照者，或于凸处，或于凹处。于是乎虽同一物，而其所照不同，我之观察自不得不有所谬。此为致误之第一原因。又五官所接者，非物之本色，而物之假相也。此为致误之第二原因。又吾人之体质，各各不同，于是乎同一事物，而人之所见，各各相异。此为致误之第三原因。又人与人相处之间，谬见亦常因缘而起，如农夫自有农夫之谬见，工商自有工商之谬见，学士大夫自有学士大夫之谬见。又前人之学说，亦往往为谬见之胎。盖凡倡一先生之言者，常如傀儡登场，许多点缀，观者不察，遂为所迷。此为致误之第四原因[1]。

梁启超的介绍没有使用系列译介的语词，与培根原意相差甚远。其所说的致误原因，将因个体因素产生的洞穴假象拆散在二、三、四中，逻辑比较混乱，而且缺了因语言文字而产生的市场假象。慕维廉系列译介对“四假象”的介绍比较准确（详见下文），如果梁启超参考了这些译介，应不会出现这些问题。

鲁迅在1907年撰写的《科学史教篇》，总结了西方科学史的经验教训，其中涉及培根。文中提及《格致新机》并说“第二分未行世”，所描述的内容与慕维廉的《格致新机》一致，致使不少研究者误以为鲁迅直接受到慕维廉的影响，但这只是一场误会。有学者已指出鲁迅此文编译

[1]梁启超：《饮冰室合集》文集之十三，北京：中华书局1989年版，第2—3页。

自日本木村骏吉1890年出版的《科学之原理》绪言。[1]对比两者对培根的介绍，基本一致。其中，木村原文用片假名フランシス·ベーコン和ノーブム、ヲルガノン对译培根和《新工具》，鲁迅则分别汉化为“培庚”和“《格致新机》”，慕维廉的系列译介没有使用“培庚”。至于《新工具》分两部分而第二部分未完的说法以及“公论”的使用，和木村一致。更为有趣的是，鲁迅将日语“歸納法”和“演繹法”翻译为“内籀”“外籀”，明显受到严复的影响，不同于慕维廉的“推上”“推下”之法。[2]

综上可见，慕维廉的系列译介在当时虽有不少时人知悉，但社会反响不算很大。后来，思想界也很少使用这系列译介的术语，诸如“推上”（归纳）、“推下”（演绎）、“意像”（假象）等。这与慕维廉甚用功于这系列译介形成了明显的反差。对此，不妨从文本内外略作探讨。

从文本内部来看，慕维廉的系列译介整体偏于晦涩难懂

除了为适应中国读者而作的语境化转换，慕维廉的系列译介既遵从了底本的逻辑顺序，又很少掺入原文以外的内容，某些地方还非常精彩。对“四假象”说的译介即是一例：

---

[1]宋声泉：《〈科学史教篇〉蓝本考略》，《中国现代文学研究丛刊》，2019年第1期。

[2]鲁迅：《鲁迅全集》第1卷，北京：同心出版社2014年版，第16页。木村骏吉：《科学之原理》，金港堂本店，明治廿三年（1890年），第13—14页。木村在书中说培根《新工具》的第二部分未完成，并不属实。在培根的英译全集中，都载有两部分。笔者怀疑木村对培根的介绍参考了慕维廉的《格致新机》。

四十一　万人意像，本具人性，亦在万民之中。设言人之耳目心思可测万物，伪也。因耳目心思，仅系于人，非系万物。惟人之灵杂其意见于万物之中，如不平镜面斜反射光，而不显其正。（万人意像，见上二十三条，又下四十五条）

四十二　各人伪像，即从各人之性而发也。除人性大概差谬外，各有己像，斜歪变坏天地之光，因各有气禀、习学等事。如此则人性各殊，而其意见同然。（各人意像）

四十三　亦有伪像，从交接晤言而发也，故名市井伪像。论说各别，意义相同，以致紊乱。虽欲注解，仍欲辨论，若不相合也。（市井伪像，见下五十九条）

四十四　更有人心伪像，从士学而发也。因其士学不同，遗传万代，亦多杂异端于其中，故其格学之道，混而不真，其伪像多而且伪。（士人意像）（《格致新机》）

按，“1815年版”将“四假象”分别译为“Idols of the Tribe”“Idols of the Den”“Idols of the Market”“Idols of the Theatre”。[1]许宝骙后来将它们直译为“族类假象”“洞穴假象”“市场假象”和“剧场假象”。[2]“Idols of the Tribe”指人类理解力共有的认识谬误（“本具人性”）。慕维廉用

[1] *The Works of Francis Bacon*, V. 4, (London:Printed for M.Jones, Paternoster-row, 1815), p. 14.

[2]培根著，许宝骙译：《新工具》，北京：商务印书馆1984年版，第19页。

“万人”来传达这类假象为人类共性这一特点，和族类一样贴切。“Idols of the Den”因个人自身的经历、个性、所学等而异（“从各人之性而发”）。“Den”取自柏拉图（Plato，前427—前347）《理想国》的洞穴之喻，为西方读者所熟悉。慕维廉译为“各人伪像”，简明地揭示出这类假象因人而异的特点，且避开了对中国读者相对陌生的洞穴意象。“Idols of the Market”产生于人们日常所用的语言文字所带有的模糊性（“从交接晤言而发”）。慕维廉译为“市井伪像”，似更贴合培根之意。传统的“市井”不仅指进行买卖交易的市场，而且也指向普通民众的日常生活，能够突出这类假象来自日常交往的特点。“Idols of the Theatre”指各种学说体系犹如虚构的舞台戏剧，并非旨在探寻真理。慕维廉译为“士学伪像”，缩窄了培根批判的幅度。“士学”指士人之学，在中国传统中通常指主流的儒学，不包括道家等学说体系。慕维廉对“四假象”的译介，较为准确地传达出培根的基本精神，只有少许偏离。更重要的是，这些译名避开了西方传统文化中的比喻，如洞穴、剧场，使中国读者能一目了然。这无疑更有助于中国读者接受与理解培根的思想。

然而，局部的精彩仍然无法掩盖整体的晦涩难懂。时人徐维则评价道：“序言指培根为理学家言，与寻常言格致不同，但译笔甚劣，未能深明其义。”[1]这是不太了解培根思想的本土知识分子的读后感受。冯承钧（1887—1946）也评价道：“原书成于泰昌元年，译本初刻于光绪十四年，此为光绪二十三年重刻本。首论天地阐义，次论心中伪像，次论

[1]徐维则辑，顾燮光补：《增版东西学书录》，载熊月之主编：《晚清新学书目提要》，上海：上海书店出版社2007年版，第139页。

格致诸道，次论伪学形迹，次论格学差谬，次论振兴诸学，次论格致新法，凡七卷。旧学派重师承，贝根之说则主实验，此在当时固非新说，然贝根饶有辩才，富于想象，故能卓然树立，成一家言。惟译文肤浅，辞难达意，遂致点金成铁，惜哉！”[1]这是对培根思想已有一定了解的学人的读后感受。两人不约而同地指向译笔晦涩，未能传达出培根《新工具》的精神，恐非巧合。笔者在整理校注时也颇有此感。《格致新机》重印本是系列译介中译得最好的，以下不妨就以它为例，作一简单说明。

一方面，概念较模糊，不少文句费解。尽管慕维廉和沈毓桂在译介时已颇费心，《格致新机》重印前也有修改，但主要集中在字词错漏上，没能进一步推敲全文，因而模糊、费解之处颇多。如：

> 十四　辩论在陈说，陈说在言语，言语即为意见之志。故〈以〉此意见为基，若治丝之棼乱，由物件之中粗率而发，则凡建于其上，不能巩固。由此我独一所望，即从物件中推上之理也。

单看译介首句，似乎在谈论思想与语言表达的修辞问题，但实际并非如此。“1815年版”首句为：“Syllogism consists of propositions; propositions of words, and words are the signs of notions”[2]（三段论式为命题所组成，命题为语

---

[1]邬国义编校：《冯承钧学术著作集》，上海：上海古籍出版社2015年版，第1212页。

[2] *The Works of Francis Bacon*, V. 4, (London:Printed for M.Jones, Paternoster-row, 1815), p. 5.

词所组成，而语词是概念的符号）。培根认为，亚氏三段论的基础是概念，如果概念本身混乱或只从事物中草率抽取出来，那么通过三段论不可能获得可靠的论断，因而需要使用真正的归纳法，从澄清概念开始，才能形成可靠的科学论断。系列译介将“Syllogism”泛译为“辩论”，显然不准确；而将“notion”译为“意见”是造成整条箴言费解的关键。“意见”通常指带有个人主观色彩的主张、看法等，《格致新机》中很多时候也在这意义上使用，如“习俗以古时之意见，差也”（《格致新机》第八十四条，夹注）。在此用法上，它与“陈说”接近，大致相当于三段论中的命题。但“notion”与命题并不在同一层次上，它是命题的组成要件，是三段论推演的核心。译介用“陈说”与“意见”对译“命题”和“概念”，未能体现出三段论的层次关系。由于缺失了这种层次关系，译介不仅未传达出培根的想法，而且令人费解。

再如：

> 十九　访问查察真理，仅有二法：一，从五官与物件推至大率之公论，即基于此之真理，而寻得中等公论。乃为今用之法。二，从五官与物件成其公论，以渐推上，至终能接大率之公论。此为真法，今人未经试用也。

培根在此条原文中说，探寻和发现真理的方法有两种：第一种是从感官和特殊的事物推出最普遍的公理，再以演绎的方式推出中级的公理；第二种是从感官和特殊的事物推断出一些低阶的公理，再逐渐往上提升，最后才得出最普遍的公理。培根倡导循序渐进的第二种方法，称之为“真法”，反对第一种冒进的流行方法。译介费解之处，在于用“大率之公论”对译“the most general Axioms”（最普遍的公理），带来了“大率之公论”与“公论”的关系模糊不清。“大率”通常是大概、大体之意，“公论”则是可靠的、公认的主张或原理。这样一来，培根所倡导的“真法”就变成从确定的“公论”出发，经过提升，得到非确定的“公论”。这无疑使人误以为培根持怀疑论。然而，培根此条箴言并非关注原理的确定性问题，而是认为原理应从概括程度较低开始，逐步提升普遍度，亦即原理的层级性问题。两者并非一回事。

另一方面，译介过于简洁，略去了论辩、分析过程。培根《新工具》虽然为箴言体，但并不严守箴言体的限制，论辩色彩颇强。如冯承钧所言，培根的思想并非全为新说，《新工具》的影响力有一部分应归功于其精彩的论辩。尤其是第一部分所述内容，属于自然哲学，采用破立结合而偏于破，论辩更为重要。这些论辩所带来的冲击力，其意义不亚于观点本身。慕维廉的译介对《新工具》的处理过于简化，虽然这不影响全书的整体逻辑，但却严重削弱了论辩的冲击力。这表现在两方面：

第一，培根的论辩部分涉及西方哲学史、科学史，慕维廉为方便当时中国读者接受，替换为中国的例子，但未能如培根那样加以分析说明。这种处理方式虽然不影响全书的逻辑，但经处理后，原本鲜活的例证分析，就只剩下光秃秃的例子。在此随举一例：

四十五　人心本思万物有中和之理，虽其〈与〉

物大有区别，而其心仍思彼能合符交属。如人曾云星行全图、五行定数以汇万物，与诸伪意。（万人伪像一，从其心中推度而发）

培根此条批判的是人类自然理性倾向于主观设定世界万物的秩序和规则，并强加到自然万物身上，而不是先从经验出发，再构造理论。培根随后举例说明道："由于这样，人们就虚构出一切天体都按正圆轨道而运动之说，而完全排拒了（除在名字上外）螺旋线和龙头龙尾的想法。由于这样，人们就把'火'这一元素连同它的圈盘抬了进来，以与感官所知觉到的其他三种元素配在一起，硬凑成四。……诸如此类的其他梦呓还有许多。这些幻想不仅影响着教条，并且影响着简单的概念。"[1]慕维廉将原来的例子替换为中国人熟悉的"星云全图、五行定数以汇万物"，但没给出分析说明。中国读者很难迅速明白这些事例的问题在哪里。其实，慕维廉大可仿照培根的分析作出批评，比如说星云全图只设定了天体的圆周运动，未考虑到其他可能性，等等。

第二，培根的论辩条分缕析，呈现出很强的逻辑性，慕维廉的译介则大多显得模糊不清，削弱了论辩的冲击力。如：

十八　今时格致之学，凡所察者，只在习俗意见之下。但我必欲通彻天地秘奥悠远之处，以至明至慎之法，可发意见与公论由于物件之中。

[1]此处引用《新工具》第一部分第四五条的译文，与"1815年版"出入不大。见培根著，许宝骙译：《新工具》，北京：商务印书馆1984年版，第23页。

单读此条译介，问题似乎不大。但如对照“1815年版”，就可以发现其中的差别所在：

> 18. All hitherto discovered in the sciences, falls nearly under vulgar notions; but to proceed farther into nature, it is requisite that both notions and axioms be formed into things, in a surer and more guarded manner; and that a better and more certain way of working with the understanding be introduced[1].（迄今为止，科学中发现的一切几乎拜倒在流俗概念之下，但为深入自然，必须以更可靠和更谨慎的方式使概念和公理从事物中引申出来；必须为理解力的运作引入更好和更确定的方法。）

在英译中，培根的论辩呈现出很强的逻辑推进关系：当时的科学流于表面，因此需要深入自然；为了深入自然，需要用可靠的方式从事物中获得可靠的概念和公理；而这又需要一套方法来指引人类理解力的运作。这种逻辑关系，与《新工具》的结构密切相联。获得可靠的概念和公理对应培根倡导的真正归纳法，而指导人类理解力的方法则属于认识论原则，首要的是清理原来的认识论。《新工具》就循着此逻辑展开，第一部分处理认识论原则，第二部分提出真正归纳法。慕维廉的译介笼统以“以至明至慎之法”来概括，不仅没有展示出培根思想的缜密，而

[1] *The Works of Francis Bacon*, V. 4, (London:Printed for M.Jones, Paternoster-row, 1815), p. 7.

且还抹平了逻辑推进关系，以至中国读者较难把握《新工具》的逻辑结构。

以上仅举几例，诸如此类的问题在译介中并不少见，整理校注时已以脚注的形式加以说明。《新工具》的每条箴言看似分散，实际上却有很强的推进逻辑，环环相扣。某一局部的脱节，将使全书的逻辑链条中断，影响整体的理解。慕维廉的系列译介在不少地方处理不够妥善，因而整体晦涩难懂。

从文本外部即社会背景来看，慕维廉的系列译介在近代社会的急剧变迁中显得尴尬

一种思想要产生大的社会反响，接受者的相应期待是重要的前提、土壤。众所周知，近代中国社会处于急剧的变迁中。梁启超在1922年所写的《五十年中国进化概论》曾将近代中国的急剧变迁概括为三期：第一期从鸦片战争后至甲午中日战争，“从器物上感觉不足”，因而主动学习西方的器物；第二期从甲午海战中国的战败到新文化运动前，“从制度上感觉不足”，因而主动学习西方的社会政治制度；第三期从新文化运动开始，“从文化根本上感觉不足”，因而主动学习西方的文化思想（包括伦理道德）。[1]这一概括展现了近代中国社会思想的整体变迁情况。以此为参照，可以看到慕维廉的系列译介与近代急剧变化的社会期待存在着一定的错位，显得尴尬。

如前所述，慕维廉的系列译介中，《格致新理》最早刊于1876年的《益智新录》，最晚的《格致新机》重印

[1]梁启超：《饮冰室合集》文集之三十九，北京：中华书局1989年版，第39页。

本刊刻于1897年。这大致在梁启超所概括的第一、二期之间。第一期主要以洋务运动为代表。洋务运动主要受激于西方军事，加上主导者是官僚，实现国防的强大是主要目的，首重与国防军事相关的西器。此时期内，社会整体对西学的关注，虽然也旁及一些科学理论，但主要集中在具体的西器上。慕维廉的系列译介只涉及培根《新工具》的第一部分，尽管这部分在西方科学史上具有“莫不奉为圭臬”的地位，但主要贡献是清理了此前在科学研究中占主导的抽象思辨传统，为科学的发展提供了经验主义的认识论原则和方法，著名的“四假象”说即属于这一主题。这属于哲学思想层面的贡献，对科学发展已有一定基础的社会而言，它可以起到指点迷津的作用。可是，第一部分在具体的西器制作或科学发现上没有任何贡献。当时，中国的科学研究基础比较薄弱，真正从事科学研究的人很少，普通人在传统实用思维的影响下，更加关注具体西学或方法。可以想象得到，《新工具》此时被译介到中国，主要吸引的是那些对西方科学发展史或哲学感兴趣的人，但这类读者不会太多。而在甲午海战后，思想界发现国家的强大不仅依靠外在军事力量的提升，还将实现富强的重心放在社会政治的改良上。像康有为、梁启超等近代士人，他们主要关注科学的社会效用，并非直接关注科学本身的发展，如对专利制度的关注。《新工具》第一部分的论辩与分析，虽然偶有涉及科学的社会效用问题，但主旨仍在为科学本身的发展提供哲学基础。这样，慕维廉的系列译介又偏离时人改良社会政治的关注点。而且，它很快即面临新的竞争。大批留学欧美、日本的国人相继回国，他们接触到更多的西学资源，并向国人进行译介。他们对中国传统有着更妥切的理解，又能直接阅读外文原著，因而能以更好的方式结合中国的情况来译介西学。如严复根据传统思想对西学的改造，再以典雅的译文予以介绍，在当时即产生巨大的反响。慕维廉的系列译介，毕竟口译、笔述分属不同的人，难以确保思想的传达清晰无误，而且还偏于晦涩难懂，已然处于劣势。而当第三期新文化运动开启时，大批留日学生正式成为传播西学的主体，关注到更多更复杂的内容，试图进行全面的启蒙工作。科学在这目标面前，已远非首要内容。随着白话文运动的开展，即使如严复的典雅译文，也风光不再。慕维廉的系列译介自然也被束之高阁。

综上所述，慕维廉的系列译介虽然采用了多渠道刊发，为不少时人所知悉，但整体晦涩难懂，而且与近代社会的急剧变迁存在着一定的错位，其思想影响力不宜过于夸大。作为近代中国首个培根《新工具》第一部分的译介，慕维廉的辛勤努力值得称许。它至少让中国人知悉培根的存在，也使一定数量的时人认识到培根思想的意义，成为培根思想东渐的必要一环。

尽管慕维廉的系列译介在当时发行量不小，但世易时移，现在已不易查找。这对于了解晚清的西学东渐无疑是一个缺失。为此，本书旨在对这系列译介进行整理校注。由于慕维廉的译介分为两个系列，《格致新机》节译自英译的培根《新工具》原著，《格致新法》节译自导读著作，现分别予以收录；同时，《格致汇编》和《万国公报》刊发的《格致新法》差别较大，难以合并处理，故而一并收录。

格致新机　格致新法

[英] 弗朗西斯·培根　著
[英] 慕维廉　[清] 沈毓桂　译
马永康　校注

光緒丁酉年重印　廣學會校訂

格致新機

西歷一千八百九十七年　英國慕維廉著

《格致新机》1897年重印本书影

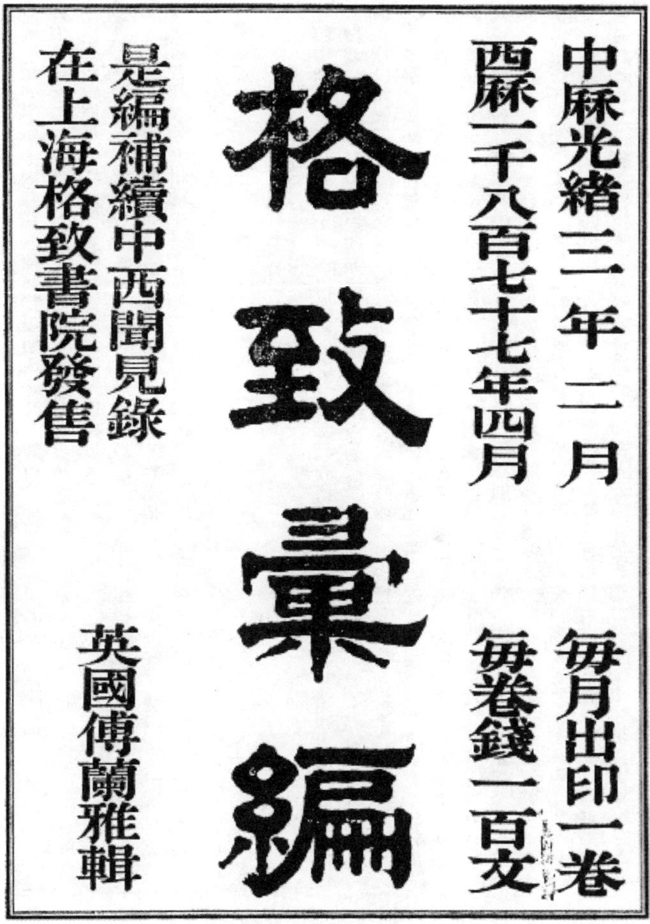

中厤光緒三年二月
西厤一千八百七十七年四月
每月出印一卷
每卷錢一百文

格致彙編

英國傅蘭雅輯

是編補續中西聞見錄
在上海格致書院發售

光绪三年（1877年）傅兰雅辑《格致汇编》书影

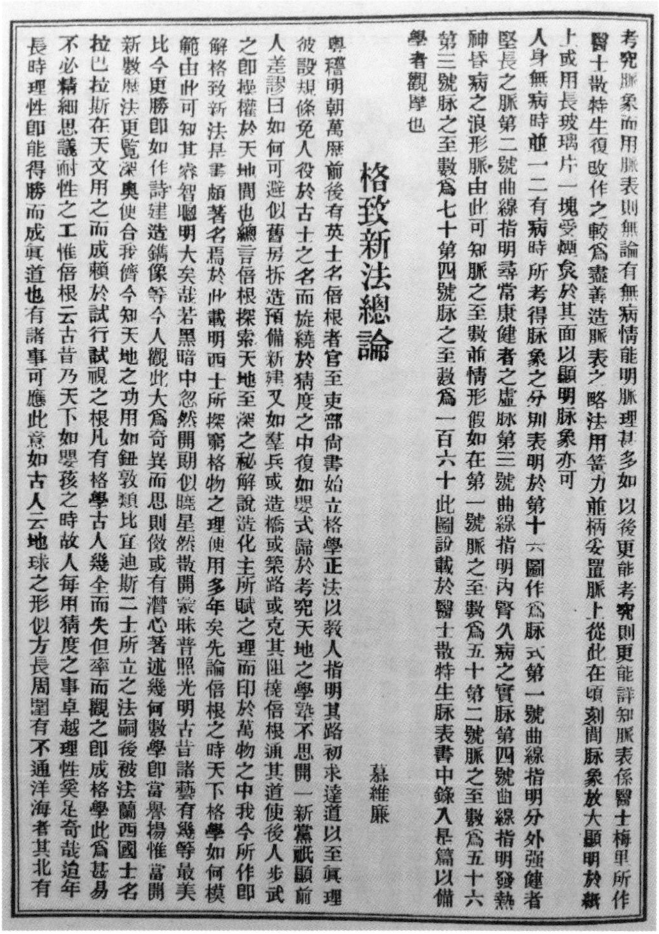

考究脈象而用脈表則無論有無病情能明脈理甚多如以後更能考究則更能詳知脈表係醫士梅里所作
醫士散特生復改作之較爲盡善造脈表之略法用簧力並柄安置脈上從此在頃刻間脈象放大顯明於紙
上或用長玻璃片一塊受煙炱於其面以顯明脈象亦可
人身無病時並一二有病時所考得脈象之分別表明於第十六圖作爲脈式第一號曲線指明分外強健者
堅長之脈第二號曲線指明尋常康健者之虛脈第三號曲線指明內腎久病之實脈第四號曲線指明發熱
神昏病之浪形脈由此可知脈之至數並情形假如在第一號脈之至數爲五十第二號脈之至數爲五十六
第三號脈之至數爲七十第四號脈之至數爲一百六十此圖說載於醫士散特生脈表書中錄入是篇以備
學者觀摩也

格致新法總論

慕維廉

粵稽明朝萬歷前後有英士名倍根者官至吏部尚書始立格學正法以教人指明其路初求達道以至真理
彼設規條免人役於古士之名而旋繞於猜度之中復如嬰式歸於考究天地之學孰不思開一新黨祇顧前
人差謬曰如何可避似舊房拆造預備新建又如聾兵或造橋或築路或克其阻撓倍根通其道使後人步武
之即操權於天地間也總言倍根探索天地至深之秘解說造化主所賦之理而印於萬物之中我今所作即
解格致新法是書頗著名焉於此載明西士所探窮格物之理使用多年矣先論倍根之時天下格學如何模
範由此可知其睿智聰明大矣哉若黑暗中忽然開朗似曉星然散開蒙昧普照光明古昔諸藝有幾等最美
比今更勝即如作詩建造鐫像等今人觀此大爲奇異而思則傚或有潛心著述幾何數學即當舉揚惟當開
新數歷法更覽深奧使合我儕今知天地之功用如鈕敦類比宜迪斯二士所立之法嗣後被法蘭西國士名
拉巴拉斯在天文用之而成賴於試行試視之根凡有格學古人幾全而失但率而觀之即成格學此爲甚易
不必精細思議耐性之工惟倍根云古昔乃天下如嬰孩之時故人每用猜度之事卓越理性奚足奇哉迨年
長時理性即能得勝而成真道也有諸事可應此意如古人云地球之形似方長周圍有不通洋海者其北有

《格致汇编》上刊载的《格致新法》书影

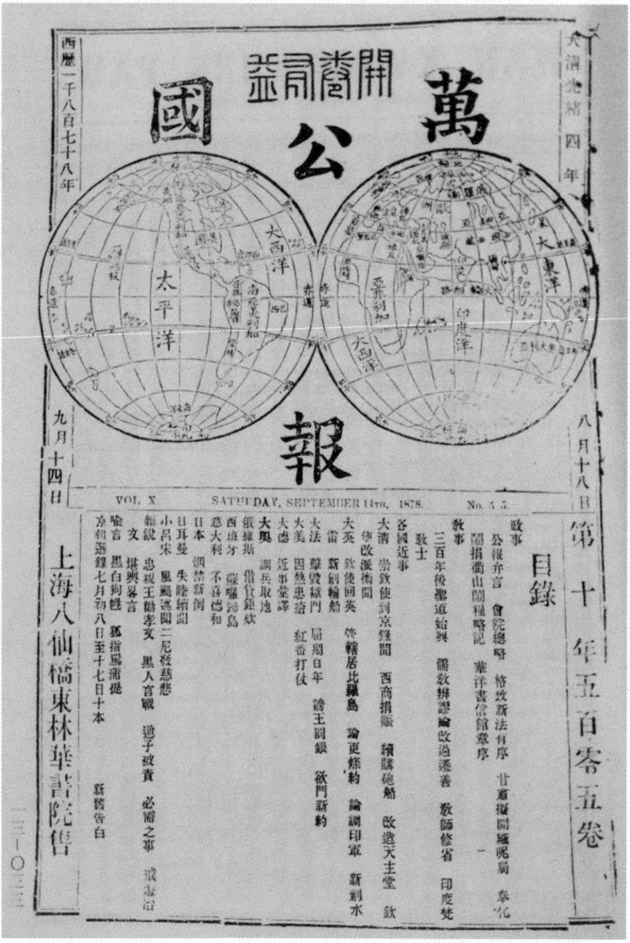

刊载《格致新法》的《万国公报》书影

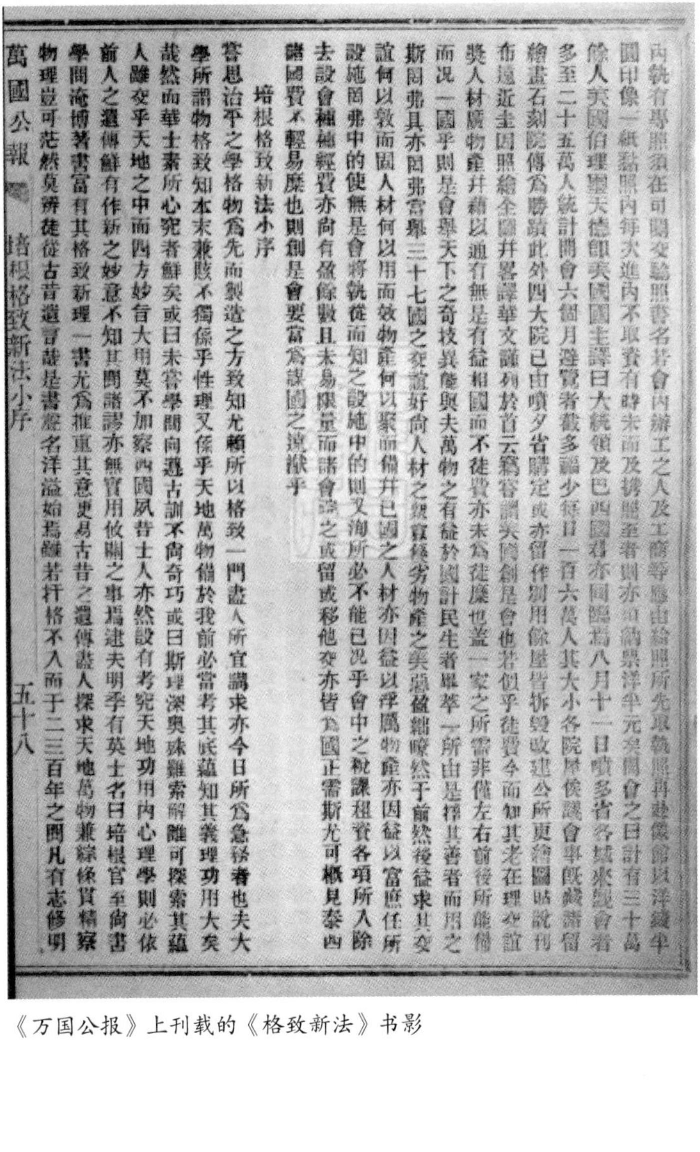

內執有專照須在司關交驗照費名若會內辦工之人及工商等應由給照所先取執照再赴僕館以洋錢半圓印像一紙黏照內每次進內不取費有時未而及携照至者則亦可納費洋半元矣開會之日計有三十萬餘人英國伯理璽天德即英國國主譯曰大統領及巴西國君亦同臨焉八月十一日嗊多省各城來觀會者多至二十五萬人統計開會六個月遊覽者截多補少每日一百六萬人其大小各院屋俟議會事既竣請留繪畫石刻院傳爲勝蹟此外四大院已由賓夕省購定或亦留作別用餘屋皆拆毀改建公所更繪圖貼說刊布遠近圭因照繪全圖并略譯華文謹列於首云竊嘗謂美國創是會也若似乎徒費今而知其志在理交誼獎人材廣物產并藉以通有無是有益相國而不徒費亦未爲徒靡也蓋一家之所需非僅左右前後所能備而況一國乎則是會舉天下之奇技異能與夫萬物之有益於國計民生者畢萃一所由是擇其善者而用之斯固弗具亦固弗嘗舉三十七國之交誼好尚人材之盈寡優劣物產之美惡備紬瞭然于前然後益求其益誼何以敦而固人材何以用而敏物產何以聚而備并巳國之人材亦因益以浮厲物產亦因益以富庶任所設施罔弗中的使無是會將執從而知之設施中的則又淘所必不能已況乎會中之稅課租資各項所入除去設會種種經費亦尚有盈餘數且未易限量而諸會之或留或移他交亦皆爲國正需斯尤可概見泰西諸國費不輕易糜也則創是會要富爲謀國之遠猷乎

培根格致新法小序

嘗思治平之學格物爲先而製造之方致知尤賴所以格致一門盡人所宜講求亦今日所爲急務者也夫大學所謂物格致知本末兼賅不獨係乎性理又係乎天地萬物備於我前必當考其底蘊知其義理功用大矣哉然而華士素所心究者鮮矣或曰未嘗學問向遵古訓不尚奇巧或曰斯理深奧殊難索解雖可探索其蘊人雖交乎天地之中而四方妙旨大用莫不加察西國夙昔士人亦然設有考究天地功用內心理學則必依前人之遺傳鮮有作新之妙意不知其間諸謬亦無實用依賴之事焉逮夫明季有英士名曰培根官至尚書學問淹博著書富有其格致新理一書尤爲推重其意更易古昔之遺傳盡人探求天地萬物兼綜條貫精察物理豈可茫然莫辨徒從古昔遺言哉是書聲名洋溢始焉雖若扞格不入而于二三百年之間凡有志修明

萬國公報　培根格致新法小序　五十八

《万国公报》上刊载的《格致新法》书影

目　录

格致新机　/ 1
格致新法（《格致汇编》版）　/ 83
格致新法（《万国公报》版）　/ 133
后　　记　/ 165

格致新机

光绪丁酉年（1897年）重印、
广学会校订版

《格致新机》现存两种单行本：一为1888年印行本，封面用黑线分隔为三列，从右至左分别印有："光绪十四年新镌　同文书会校订""格致新机""耶稣一千八百八十八年 英国慕维廉著"。二为1897年重印本，封面也用黑线分隔为三列，从右至左分别印有："光绪丁酉年重印　广学会校订""格致新机""西历一千八百九十七年　英国慕维廉著"。两单行本版式相同，每版十列，每列22字，双列夹注，共四十二页。相较于1888年版，1897年重印本在《〈格致新机〉重修诸学自序》末以双列夹注形式增加了重印的说明文字（见校注），并作了少量文字修订，文字更为顺畅。校注整理时，以1897年《格致新机》单行本为底本。为免烦琐，不标注两版的差别。

培根《新工具》为其《伟大的复兴》（*Great Instauration*）的第二部分，原文为拉丁文。经比对，《格致新机》与1815年伦敦出版的英译本《培根著作集》（*The Works of Francis Bacon,* London:printed for M.Jones,Paternoster-row）第四卷在结构及分条上均相同。由于《格致新机》行文晦涩难懂，如遇语意含糊时，将以脚注的形式附上此版对应的英文原文及其中文翻译。注中"英文原文"即来自此版，不再赘注；中文翻译主要参考了许宝骙译著的《新工具》（商务印书馆，1984年），特此说明。

原版卷次均以夹注的形式置于卷名后，校注时统一按照时下的出版格式，放在卷名前；条目编号原以夹注的形式排版，并以"○"作分隔，校注时统一将条目编号改为正文格式，并去掉"○"；正文中的夹注统一改为正文格式，放在"（）"内。校注时原文缺字用"〈〉"增补。

目　录

《格致新机》序 / 4
《格致新机》重修诸学自序 / 7
《格致新机》原序 / 11
第一卷　“天地阐义,辅人布行其权于万物中”公论 / 15
第二卷　心中伪像公论 / 23
第三卷　格致诸道公论 / 32
第四卷　伪学形迹公论 / 42
第五卷　格学差谬诸因 / 48
第六卷　振兴诸学有企望诸基公论 / 60
第七卷　天地阐义新法之意 / 72

《格致新机》序[1]

鸣呼！今世知格致[2]之理、明格致之法者，抑何鲜[3]耶！然而不能不为世人谅者：五彩彰施[4]，瞽者[5]固无由睹其色；八音迭奏[6]，聋者固无由聆其音。彼其人未读西书，未交西士，聪明锢蔽[7]，才识迂疏[8]，虽有格致之理、格致之法，既苦不知，曷[9]泛讲肄[10]？更何冀[11]其精能耶？英国

[1]全序为沈毓桂手写的行书。

[2]格致，为《大学》“格物致知”的简称。由于“格致”与西方科学具有某些相似性，自明末起，即被用来指称西方的科学（science）。直到清末，维新人士才开始使用“科学”来指称西方的science。大概到20世纪初，“科学”才取代了“格致”，成为science的通用译语。

[3]鲜，少。

[4]五彩，指黄、青、白、红、黑五色，也用来泛指各种颜色；彰施，鲜明地展现出来。五彩彰施，意为各种颜色都已鲜明地展现出来。

[5]瞽者，盲人。

[6]八音，古代对乐器的统称，通常为金、石、丝、竹、匏、土、革、木八种不同材质制成；迭奏，交替或轮流演奏。

[7]聪明锢蔽，指耳朵、眼睛受到禁锢蔽塞。

[8]迂疏，迂远疏阔。

[9]曷，同“何”，怎么。

[10]讲肄，讲学。

[11]冀，希望、期望。

邢[1]部尚书贝根[2]著有《格致新理》[3]一书，推本穷源，剖毫析芒[4]，足以破愚，足以益智，而卒[5]未能嘉惠[6]来学者，其故在是。慕师维廉知之，向曾与余翻译华文[7]，风雨晦明[8]，一编坐对，或穷晰其理，或详译其词，或衍其未竟之端，或探其未宣之蕴[9]，其意以人人共知其理、共明其法为究竟。是编一出，世之迷而不晤[10]者，当必豁然开朗[11]：如行路然，有先行者引以入胜，而道途之曲折可谙[12]；如尝食然，有先尝者饫以余甘[13]，而肴胾[14]之珍奇可悉。贝君著是

---

[1]邢，应为刑。

[2]贝根，即Francis Bacon（1561—1626），今通译为培根。培根为英国人，1618年担任英国大法官，沈毓桂将他类比于中国传统掌管全国司法和刑狱的刑部尚书。又，慕维廉和沈毓桂对培根的译名并不固定、统一。《格致新法》在《格致汇编》刊载时译为“倍根”，在《万国公报》刊载时译为“培根”。即便在《格致新机》中，沈毓桂的序称“贝根”，而慕维廉的《〈格致新机〉重修诸学自序》写作“贝赓”。

[3]《格致新理》，指培根的《新工具》。

[4]剖毫析芒，指分析判别得至细至精。

[5]卒，最终。

[6]嘉惠，施予恩惠。如清代王先谦《邓湘皋〈船山遗书目录〉序》：“旧刊之本类坊刻，且日久漫漶，显鹤病之，尝慨然发愤，思购求先生全书，精审锓木，嘉惠来学。”

[7]沈毓桂在1881年所写的《中西相交之益》中称：“英国伦敦会教师慕维廉，招余翻译，迄今六年。”（见《万国公报》，1881年第649期）《格致新机》就是两人合作翻译的成果。

[8]风雨晦明，即刮风、下雨、昏暗、晴朗等各类天气。

[9]未宣之蕴，未曾直接说出的意蕴。

[10]晤，同“悟”，即明白、省悟。

[11]豁然开朗，比喻顿时明白或领悟过来。

[12]谙，熟悉。

[13]饫以余甘，赐送剩下的美味。

[14]肴胾，指有鱼、肉等的丰盛菜肴。

书之功，不赖慕师而始显耶？今慕师又将是书摆印[1]，俾[2]广流传，并易其名为《格致新机》[3]，嘱余弁首[4]。机缄一启，日新又新，皆以是编为缘起。余虽弇鄙[5]，固乐得而志之。

光绪十四年，岁次戊子，先立夏三日[6]

吴江八十一老人沈寿康[7]书

---

[1]摆印，即印刷。

[2]俾，使。

[3]慕维廉和沈毓桂在1876—1877年曾以“格致新理”之名将他们的译本刊于林乐知创办的《益智新录》。据此，可知是慕维廉将它改名为“格致新机”出版单行本。

[4]弁首，即卷首、前言。

[5]弇鄙，意为见识浅陋。

[6]光绪十四年为戊子1888年，当年立夏为阳历5月5日。可知此序作于1888年5月2日。

[7]沈毓桂（1807—1907），字寿康，号赘翁、觉斋等，江苏吴江人，是近代中国最早的一批职业文人。他早年科场失意，中年到上海墨海书馆协助艾约瑟、慕维廉等来华传教士译书。1859年受洗为基督徒，1868年起直至1894年，他曾任《教会新报》（后更名为《万国公报》）的中文编辑、主笔。1881年还协助林乐知创办中西书院，担任教习。作序时，沈毓桂时年81岁，故自称“吴江八十一老人”。

《格致新机》重修诸学自序[1]

曾子作《大学》一书，为初学入德之门[2]；明明德之功，必以格物致知为先，而诚意、正心、修身继其后。千古遗传，大矣备矣，然而犹未及乎天也，犹未赅[3]乎物也。朱子[4]所谓“推极吾之知识，欲其所知无不尽；穷知事物之理，欲其极处无不到”，“盖人心之灵莫不有知，而天下之物莫不有理，若不因其已知之理，而求其未知之理，循此而造乎极，则必于理有未穷，而于知有不尽矣”。[5]今（余）译《格致新机》一书，揭其未知之理，穷其理而造其极，于是其道赅矣，其本得矣，扩充《大学》明德之功，益广格物致知之理。惟华人徒沾沾于《诗》《书》六艺之文[6]，不究[7]夫大本大原之旨，而孰[8]知政事学问之

[1]此序应为慕维廉所写，原文不分段，为方便阅读，校注时作了分段处理。

[2]为初学入德之门，为南宋朱熹《大学章句》所引北宋程颢、程颐（合称“二程”）之语。

[3]赅，包括、涵盖。

[4]朱子，对朱熹的敬称。

[5]朱子的话引自《大学章句》第一章及“格物补传”，与原文略有差别。有趣的是，此段话与徐寿《〈格致汇编〉序》（《格致汇编》，1876年第一卷）基本相同。

[6]《诗》《书》六艺之文，指《诗》《书》《礼》《乐》《易》《春秋》。

[7]究，探究。

[8]孰，谁、哪一个。

外更有进焉？必从事物推乎上，而归乎大原；又从本原推于下，而赅于格物。若能格物穷理，推原其本，则道大日新，获益无穷矣。

格致之法有二：一，推上归其本原；一，推下包乎万物[1]。此二法，在西国兼用之，而得其益。论推上之法，从地下万物归于上；推下之法，从天上本原畀[2]于下。二者兼全而足据者也。从推下之意，可究其推上之实，毫发不遗。万物皆上帝创造，人若舍本就末，不归上帝，而惟归一理，岂非天良澌灭[3]，人心汩没[4]者哉？夫万物有当然之理，系[5]乎天。天者，非清气之天，乃天上之主，即上帝也。[6]万物本乎上帝，其道甚大，其理甚精，放之则弥六合，卷之则退藏于密[7]，其味无穷，皆实学也。中华士人当格致天地万物，学其大道而从其妙意。是书阐明其法，相辅而成，扫除世间之习俗[8]与内心之旧染，光烛夫寰区[9]而

[1]“推上”“推下”两法，即现在所说的归纳、演绎两种逻辑方法。上、下描述了两种方法的思维方向不同。

[2]畀，给予。

[3]天良，天赋的善心、良心；澌灭，消失干净。

[4]汩，应为汩，汩没，埋没。

[5]系，关联、连结。

[6]作为传教士，慕维廉特意强调天不是“清气之天”，而是人格化的天主、上帝。这是为了反对宋明理学对天所作的理性化解释。在宋明理学看来，万物当然之理来自于天，但天没有人格；而对慕维廉而言，万物由上帝所创造并赋予当然之理。

[7]六合，常指上下和四方，泛指天地宇宙。放之则弥六合，卷之则退藏于密，朱熹在《中庸章句》中用来赞扬中庸之道放出来可以遍满天地四方，收束起来时可以收藏在隐秘的心中，慕维廉在此则用来指称上帝的道和理遍布天地四方，也在人心中。

[8]习俗，指流俗之见，带有贬义，与日常的中性使用不同。

[9]寰区，天下、人世间。如唐杜甫《解闷》诗之八：“最传秀句寰区满，未绝风流相国能。”

开新路于中原。岂非大幸者哉？

是书系明朝万历年间[1]英国刑部尚书贝赓所著也。日积月累，穷搜要领，致力成书。窃思中原格致惟行旧法而不全赅，故易新法，细探其理，足称美备。惟初行是书，人皆扞格[2]，迨后[3]渐兴而通晓其理，令遐迩[4]信从，而士人于格致之理，亦皆开聪益智。考中华格致，与外国昔日相同，必当开一新法，而寻究夫理者，则大有裨益焉。

更有一事，格物之学非关乎性理天道也。因格致系乎外，而性理系乎内，故曰“率性为道”[5]。性具于内，而探良心与理心者，而性理可明证也。若欲溯原[6]天道，幸有圣教一书[7]，由天默示，足增聪慧，学其道而亲其光，则日进夫高明之境[8]。

兹译是书，载于《益智新录》[9]中，详推夫理，逐一分列。窃愿士人朝考夕稽[10]，玩索有得，其获益岂浅鲜哉！英国慕维廉撰。

---

[1]培根的《伟大的复兴》出版于1620年10月，《新工具》是其中一部分。1620年为明代泰昌元年。

[2]扞格，抵触。

[3]迨后，等到后来。

[4]遐迩，远近。

[5]率性为道，借用了《中庸》首章“率性之谓道”的说法。

[6]溯原，往上探求本原。

[7]圣教一书，指《圣经》。

[8]慕维廉此段对格致、性理（伦理道德）以及基督信仰进行了重新划分：格致是对外在自然界的探索，性理则以良心和理心为据，基督信仰则须依据《圣经》的启示。这与前文所说“推上”“推下”都围绕上帝进行明显不同。

[9]《益智新录》是林乐知于1876年7月创办的月刊，属于《万国公报》的增刊，出版约两年后停刊。慕维廉和艾约瑟是此刊的主要撰稿人。《格致新机》最早曾以《格致新理》为名在该刊上刊发。具体刊发情况，请见本书“导读”的第二部分。

[10]朝考夕稽，即早晚考索。

（是书著于光绪十四年四月，镌印[1]行世，阅者甚为嘉许，几于不胫而行[2]。兹中国制造枪炮，开矿造路，设立学堂、机器诸工程，皆可于此取材，而自强之道以及作育人才，亦可于此取法。盖所创诸端，宜乎探索是书之意。惟欲有裨[3]于中人而已，爰[4]特重印以供众览。

题目“公论”二字亦可改易，底理实有真据，庶[5]可无疑。[6]丁酉[7]二月维廉谨识）[8]

---

[1]镌印，刻印。

[2]胫，小腿。不胫而行，形容作品、消息等迅速得到传播。

[3]裨，助益。

[4]爰，于是。

[5]庶，差不多、几乎。

[6]公论，公正或公众的评论，相当于确定无疑的论断。慕维廉在《格致新机》中将培根的每条箴言都称为“公论”（《〈格致新机〉原序》“分作七卷，计公论一百三十条”），每卷卷名都冠以“公论”，显有悖于培根的想法。培根在一百十八条就明确提出“凡事初起，必有失误”，他的著述也不例外。《格致新法》中也指出培根并非全然正确。慕维廉意识到使用“公论”并不恰当，但仍坚持“底理实有真据”，即基本或基础的道理有真实依据。在重印本中，他并未作修改。这表明他仍认定要赋予培根的思想以权威性。对此问题的讨论，请见“导读”第三部分。

[7]丁酉，即光绪丁酉年（1897年）。

[8]最后两段为1888年刻本所无，慕维廉重印时以夹注的形式添加。

《格致新机》原序[1]

格致之学，莫先于穷理；穷理之要，必溯夫天地。或有执论天地之道，以为已至其极，奚用他法以考之。此最害于格致之学，而阻人新进之机也。盖天地位，万物育，心存于不睹不闻之先，理即着于无声无臭[2]之表。吾不知混沌[3]辟，杳冥[4]之中，果孰为之主宰者，而拟议[5]卒不可得也[6]。今欲明察夫理者，则必葆[7]其耳目心思，迎一新机，开一新法。

万物莫不各有当然之理，然则何以穷之哉？或誉[8]推论之道[9]，指明心有所助。惟人用此法之时，已杂于习俗、

---

[1]原序，指培根《新工具》原来的序文，译介采用意译加节译的方式翻译。第一段前两句以及最后一段为英译本所无，为译介者所加。又，原序不分段，为方便阅读，校注时作了分段处理。

[2]无声无臭，没有声音和气味，喻指默默无闻，不被人知道。

[3]混沌，中国传统指世界开辟前元气未分、模糊一团的状态。

[4]杳冥，也作“窈冥”，意为深微不可测。出自《道德经》第二十一章“窈兮冥兮，其中有精”。

[5]拟议，指揣度议论。这里主要指古代诡辩家的做法。

[6]培根在原序中批评了两种极端看法：一种是断言人类对自然界的认识已到达顶点，不可能再有新的发现；另一种是断言没有任何事物是可知的，即不可知论。前者即“或有”一句引出的看法，后者大致为“吾不知”一句。

[7]葆，通“保”，保持、护卫。

[8]誉，称赞、推崇。

[9]推论之道，推论的办法，指逻辑（logic）。

异端、邪说之中，旧染污俗，以致满腔虚诞。若欲咸与维新[1]，非易也，则推论之道未可改其谬而开其路。况更有谬者，为内心之学[2]。必当从新，自初不令其独存，而常欲辅治之，如工欲尽其事，必当用其器也。设有大兴建造，仅有匠人而无器相助，虽自具聪明，殚心竭虑[3]，亦奚为哉！譬举石塔，仅赖手而不赖器，岂非大累于人乎？噫！工人虽多，亦无裨益。故心思之灵，不敌机器之致用。试思人每[4]有才能，独恃[5]推论之道，以壮其心，以充其力，奚用也？华人惟从心格致而欲成之，难矣。譬彼工匠，只赖己手，而无绳墨，正侧可知乎？而无尺寸，长短可度乎？而无锯斧，斫削[6]可能乎？具一人之心思才力，奚能致乎其极？必待机器相辅，庶乎可焉。

略论有二事：一，自昔哲士，仍有声名，我亦无间[7]然焉；二，我自行其路而获其果。若云古人不逮夫今人，而今人胜于古人，我不敢言；惟商行其法，只判两途，非一

[1]咸与维新，指对一切除旧更新。出自《尚书·胤征》：“天吏逸德，烈于猛火，歼厥渠魁，胁从罔治。旧染污俗，咸与惟新。”此处，“维”与“惟”相通。

[2]内心之学，指单纯根据人类所具有的天然理解力来认识世界。全句英文原文为：And yet they too, trusting entirely to the force of their understanding, applied no rule, but made everything turn upon hard working and perpetual working and exercise of the mind.（可是他们由于一味信赖自己理解的力量，也不应用辅助原则，把一切事物都诉诸艰苦的思维，诉诸心灵的不断动作和运用。）

[3]殚心竭虑，竭尽心力思考谋划。

[4]人每，即人们。

[5]恃，依赖、倚仗。

[6]斫削，砍削。如《管子·形势解》：“斫削者，斤力也，故曰：奚仲之巧，非斫削也。”

[7]间，非议。

辙也。虽曰可为[1]，匪我思存[2]，独遵新法而行者，向所未尝见也。今有格致之学，推求夫本原之意，作始行之法，若未明夫理者，则不能激乎人心，不能移乎习俗。惟心力与机器互用，庶几[3]大局可定矣。如此，指归有二原，士人兼属[4]，非为对敌，互相较勘[5]，互相辅助：一法以栽培其学，一法以玩索夫理[6]。或从先法，意合其才而易为之，冀其行工，欲会其意，至终获益不浅矣[7]。若有人不独欲从已察之理，而更向前行，非从立辨[8]而胜对敌，欲从行工而参天地，不挟一己之预料，更阐万物之真理，实有可据也；即如其心从格致之学，与我偕行，而贯乎天地之间，可望得其路而进其内矣。总而论之，此法有二名：一，心思预

---

[1]虽曰可为，即使可以这样做。培根原序提出，和古人进行比较和竞赛，并没有什么不合法或新奇之处。

[2]匪，非；思，思想、想法；存，在。匪我思存，不是我的想法或意图所在。

[3]庶几，差不多、大概。

[4]兼属，指兼用、追随。培根在自序中提出，他和古人的哲学可以并存，二者不是敌对的或相反的，可以相互凭借，结合起来。

[5]较勘，比较核对。

[6]“一法以栽培……玩索夫理”，英文原文为：and let there be one method of cultivating, and another of discovering the sciences。“栽培其学”对应cultivating（培养），“玩索夫理”对应discovering the sciences，许宝骙在《新工具》中分别译为“培养知识”和“发明知识”。见培根著，许宝骙译：《新工具》，北京：商务印书馆1984年版，第5页。

[7]英文原文为：And for those who prefer the former, either from hurry or from considerations of business or for want of mental power to take in and embrace the other (which must needs be most men' s case), I wish that they may succeed to their desire in what they are about, and obtain what they are pursing.（对于那些认为前者更可取的人，不论他们是出于焦燥，或者出于事务的考虑，还是出于大多数人都缺乏的收蓄另一种知识的智力，我都祝愿他们能偿其所愿，得其所求。）

[8]辨、辩在古汉语中通用。此书中慕维廉将两者混用，校注时仍其旧，不作校正。

料；一，天地阐义[1]。

分作七卷，计公论一百三十条：一，天地阐义，辅人补行[2]其权于万物中，三十七条；二，心中意像[3]，二十四条；三，格学[4]诸道，九条；四，格学差谬[5]，七条；五，格学谬因，十五条；六，格学渐兴之基，三十三条；七，天地阐义新法，十五条。汇而成之，欲显出其真理，明示天下。彼虽囿于习俗，一经触于目者感于心，当去其蒙昧而豁然开朗矣。窃愿士人，去故知新，凡一切相阻格物之意及邪术曲学，悉屏除之。中有砥柱[6]者，必不为他途所惑，岂非有裨于实用之效哉！

---

[1]心思预料，英文原文为Anticipation of the Mind，指称传统的做法，即从一些经验或常见的经验中直接粗率地得出高级原则；天地阐义，英文原文为Interpretation of Nature，即对人心加以指导和帮助后，并遵循培根倡导的经验主义认识方法对自然界进行认识和探索。“此法有二名”带有误导性，似乎培根只是简单区分两者，实际上培根反对传统方法，英译本注说“the author has been suspected to oppose the ancients”(作者被怀疑反对古人)。

[2]补行，据第一卷标题应为“布行”。布行，施行。

[3]意像，三十八条中也称为伪像，即虚假的象。英文原文为idol，现译为假象、幻象等。“四假象”说是培根在《新工具》中提出的著名理论，揭示出人类认识产生谬误的根源。

[4]格学，指格致之学。译介有时指作为整体的科学，有时指自然哲学。

[5]差谬，差错、错误。

[6]砥柱，原为山名，在河南三门峡市，位于黄河急流中，形状像柱子而得名。后比喻能负重任、支危局的人或力量。

第一卷　“天地阐义，辅人布行其权于万物中”公论

一　人乃天地之役[1]，要阐天地之义也。惟当观其功而察其理，即能行工明道。（人力何以有限，见三条）[2]

二　手无器，心无机[3]，则不能多行。二者各需其要，以行其工：如手有器，即能行动；心有机[4]，即能提醒，保存其明[5]也。（人必有机）

三　人之知识与其才力相符，若不知其因，即不能成其果。要参天地，必服其功[6]，在追念[7]中何以为因，即在行工以为规[8]也。（识力相符）

四　人行工时，惟能以本体[9]相合相分，其余皆赖天地之功用而成。

---

[1]役，仆役。英文原文为servant and interpreter（仆从和解释者）。

[2]小括号内的说明非培根原文。其中“人力何以有限”是对此条内容的概括，“见……条”是参照性注释。内容概括为译介者所加，参照性注释基本译自英文原文的注释部分。下同。

[3]心无机，英文原文为the unassisted understanding（没有辅助的理解力）。

[4]心有机，英文原文为the instruments of the mind（心的器具）。

[5]明，英文原文为understanding（理解力）。

[6]必服其功，指服从天地的自然规律。

[7]追念，回忆、回想。英文原文为contemplation(思辨、沉思)。

[8]规，规则、规律。

[9]本体，事物的原样或本身。英文原文为natural bodies（自然物体）。

五　重学[1]、代数、医学、化学等师，皆以天地万物为纲领[2]。惟今人所考格学，大无裨益。（格学、六艺不全）

六　有事未行，若无未用之法，而思可成，即万无理也[3]。

七　观其书与其制造之物，以为人手、人心所行者多矣。然而此行，只由几许已知之理，非由几许公论而成也[4]。

八　已察诸果，大率由偶然与试法[5]而成，非由格致之学所成也。今人格致之学皆特为已察之因，并非查察新行之故也[6]。

九　格致诸学中，其缺陷损害之本，即为我誉其心才太甚而不求助心之机也。

十　天地之微妙，迥逾[7]乎五官与灵心之微妙，故多浮慕默思、猜议、辨论，实属徒然。如有迷而不悟者，若有人在旁亲视而指明其真理[8]。

---

[1]重学，通常指物理学中的力学，英文原文为mechanic（力学）。

[2]纲领，即根本性的指导原则。培根在此主要批评当时的科学研究脱离了经验。

[3]按照英译之意，“有事未行”指原来从未做过的事情，“未用之法”相应指人类从未试用过的方法。

[4]理，英文原文为known things（已知的事物）；公论，英文原文为axioms（公理）。

[5]试法，英文原文为trial（试验）。

[6]今人格致……故也，英文原文为：the works hitherto discovered...; which, as they now stand, are nothing but compilements of things found out before, and not methods of enquiry, or plans of new works.（现在看来，已得的事功不过是以前已发现事物的汇编，并不是什么发明新事物的方法或对新事功的指导。）

[7]迥逾，远超过。

[8]如有迷而不悟者……指明其真理，英文原文为：the sublime meditations, speculations, and reasonings of men are but a kind of madness, if a fit person were to observe them.（如果有一个合适的人来观察的话，人们庄严的沉思默想、推断和推理只不过是一种疯狂。）

十一　今有格致之学，以察诸果，实无益也；今有辩论之道[1]，以察格致之学，亦无益也。（见十九条[2]）

十二　今时辩论之道，只助人坚持差谬，囿于习俗[3]之中，非助人考察真理，即更有损害而无用也。

十三　辨论之道，今时不用以察格致之理，若用以察中等之公论，亦觉徒然，因不足致天地之微妙[4]；是令人会意[5]而不令人知物。（辩论之道，见十四条）

十四　辩论在陈说，陈说在言语，言语即为意见之志[6]。故〈以〉此意见为基，若治丝之棼乱[7]，由物件之中粗率而发，则凡建于其上，不能巩固。由此我独一所望，即从物件中推上之理[8]也。（见一百五、六条）

十五　辩论格学之中，凡有意见皆不能足恃。何故也？因由其外形而显，而未从其内质而成也。如有物之本

[1]辩论之道，英文原文为logic（逻辑）。培根书中主要指亚里士多德的三段论。

[2]英文原文此条无注。“见十九条”为英文原文第十三条的注释。

[3]习俗，指流俗之见。英文原文为vulgar notions（粗陋的概念）。

[4]辨论之道……之微妙，英文原文为：Syllogism is not applied to the principles of the sciences, and it is in vain applied to intermediate Axioms, as being unequal to the subtilty of nature.（三段论不适用于第一性原理，用于中间性的原理也是徒劳，因为它和自然的精微不匹配。）

[5]会意，中意、同意。英文原文为assent（同意）。

[6]辩论在陈说……之志，英文原文为：Syllogism consists of propositions; propositions of words, and words are the signs of notions.（三段论式为命题所组成，命题为语词所组成，而语词是概念的符号。）对照英文原文，可知句中的“陈说”“言语”“意见”分别对应于propositions、words、notions。在亚氏的三段论中，概念是构成命题的要件，也是推演的核心。译介的“陈说”“意见”没有将命题与概念的层次关系呈现出来，因为中文中陈说与意见基本上都属于命题层次。

[7]棼乱，杂乱、混乱。

[8]推上之理，英文原文为genuine induction（真正的归纳法)。

体、形色、运行、性情自有[1]，皆无清意[2]，推其重轻、厚薄、燥湿等事，更觉不清也。（意见不足恃）

十六　人狥[3]等属之意见[4]，与我五官之提觉[5]，如冷、热、黑、白等事，无多欺我也。虽[6]其像或以他物杂其中，即觉紊乱。其余素用[7]之意见，皆有差谬，或由物中粗率而发也。

十七　当所设之公论与所发之意见差谬不少[8]，此在初基之理，即由习俗推上之理[9]而发；在其公论与陈言由辨论之道而发，其差谬更为多矣。

十八　今时格致之学，凡所察者，只在习俗意见[10]之下。但我必欲通彻天地秘奥悠远之处，以至明至慎之法，可发意见与公论由于物件之中。

十九　访问查察[11]真理，仅有二法：一，从五官与物件推至大率之公论[12]，即基于此之真理，而寻得中等公论。乃

[1]物之本体、形色、运行、性情自有，英文原文为Substance, Quality, Action, Passion, Essence itself（“本体”“属性”“能动”“受动”“本质”自身）。

[2]清意，清晰或得当的意义。

[3]狥，同“徇”，曲从。

[4]等属，类属、类别。等属之意见，英文原文为the notions of the lower species(较低级的种属概念)。

[5]五官之提觉，英文原文为immediate apprehension of sense（感官的直接领悟）。

[6]虽，疑误，似为“若”“然”等。培根认为，感官直接知觉的概念虽然不会实质性迷误我们，但是如果因物质的流动变易和其他事物彼此掺和，也会令我们感到混乱。

[7]素用，常用。

[8]培根意指人们所说的原理，与概念形成一样，谬误都不少。

[9]习俗推上之理，英文原文为the vulgar Induction（普通归纳法）。

[10]习俗意见，英文原文为vulgar notions(流俗观念、普通概念)。

[11]访问，英文原文为search after（探索、寻找）；查察，英文原文为discover（发现）。

[12]大率之公论，英文原文为the most general Axioms（最普遍的公理）。

为今用之法。二，从五官与物件成其公论，以渐推上，至终能接大率之公论。此为真法，今人未经试用也。（探索真理二法，见一百零五条）

二十　人心独在之时[1]，惟从以上第一之法，而以所备，因其心喜推至大率之公论，可免劳苦而息也。惟暂定在此，即后轻忽见识[2]之事。但此诸害，被辨论之道加增，为壮胆之故[3]。（人心无助之行）

二十一　设人挟谨慎、忍耐、平和之性，亦无他道所阻，此人必稍进正路，究无大益。因其心若无了理[4]，又无辅助，则不足阐详[5]物事之幽昧[6]也。（禀性之行）

二十二　以上二法，始从五官、物件而发，即在大率之理而定也。但此二法大有区别：此轻过见识与物件，彼贯通其中，循序完全；此从初为几许无益之公理，彼渐推至天地所真、实识之理。（察真理二法之别）

二十三　人心之伪像与上帝之思念[7]，其别最大：此特虚浮执意而已；彼于万物中，为其真实之形迹印证于上也。（心中伪像，见十条）

二十四　公论被辨论之道所发，万不能察出新果也，

---

[1]指人心没有其他限制或指引，任其自流。

[2]见识，英文原文为experience（经验）。

[3]指人心冒进，倦于实验，借助逻辑的争辩（“辩论之道”）来强化冒进所得的普遍公理。

[4]了理，料理。如《快心编三集》第九回：“只见夫人说道：‘尚有一事未曾了理。’”英文原文为regulated（被约束）。

[5]阐详，阐释、细说。

[6]物事之幽昧，即事物的奥秘，英文原文为the obscurity of things（事物的晦涩不清）。幽昧，昏暗不明。如《楚辞·离骚》：“惟夫党人之偷乐兮，路幽昧以险隘。”王逸注：“幽昧，不明也。”

[7]上帝之思念，英文原文为the ideas of the divine mind（圣灵的理念）。

因天地之微妙，迥逾辨论之微妙。但有公论由物件之中渐渐循发者，即易指示、阐详新物，而如此使诸学能活泼也。（公论由辨论而发，察果无益，见二十二条）

二十五　今用之公论，由几许见识与常遇之物件而发，大致相仿佛。故此不引至新件，亦无甚奇。若有未知之事忽显，其公论稍有分别〈而〉保存，而反当修正即合其理也[1]。（习俗公论如何而生）

二十六　本心推理，即属粗率之物，可名预料天地。惟有理心，循序行于万物，可名阐义天地也[2]。（预料、阐义何为，见二十条[3]）

二十七　此预料之事，力足令人会意点头。若众人意想或变为若狂，虽大差谬，仍可会意。（预料之力）

二十八　预料之事，较于阐义之理，有力引人会意。因其预料，由几许相属[4]物件而发，即能激其心，而充其意。反之，阐义之理，由许多遥远之事，一一相聚而成，故不能突然激心。由此，其阐义在甚难奇怪之事，即如圣教之奥道也[5]。

[1]若有未知……合其理也，英文原文为：And if any instance unobserved before happens to turn up, the Axiom is preserved by some trifling distinction, where it ought rather to be corrected.（如果有此前没有被观察到的例子恰好出现，那么公理借助于某些无关宏旨的分辨而被存留，而它本应该被纠正。）

[2]本心和理心相对而言，两者的差别在于理心有“了理”与“辅助”，即得到帮助和辅助，而本心则无。可参看二十一条。

[3]见二十条，在英文原文为“预料天地”内容的脚注，并不涉及“阐义”问题。译介将它合为“预料、阐义何为”，并不确切。

[4]相属，相连接、相继。

[5]由此……奥道也，英文原文为：whence, of necessity, in difficult and paradoxical matters, these interpretations appear almost like Mysteries of Faith.（因此，在困难和矛盾的事物上，这些解释难以避免看起来几乎像信仰的奥秘。）

二十九　格致诸学建于意见、居位者之命，预料、辨论大有用也。惟如此，即为物而非，会意当服之也[1]。（预料、辨论定用）

三十　虽人才力兼全，历代相传，惟以预料之法，〈格学〉不能大行。因其差谬在根，亦[2]在心中初发之意，虽有后日之才力及良方，不能医也。（格学预料无用）

三十一　若欲杂新制之事于旧事者，格致诸学不能大望前行。设人不欲恒运于圈中而无前行，故其复振之事，必当从根而发也。（新旧相杂，在格学无益）

三十二　凡古作书者，仍有其尊贵之名，亦无人于其才而与彼相较。吾亦不责其工，惟欲开导新法而已矣。

三十三　我所设立之法，与我所察之事，不能以预料真实议论之，因其不能以今用辨论之法所试，即当疑也。（今事不当预料而议）

三十四　我今所设立之事，非易解也，因新事仍与旧事相似，而欲得见明也。（见一百零九条）

三十五　设人以理论、意见、议定等事，各执相争，与彼辨驳之事，实无益也。我非欲得胜，惟欲人心预备，喜循我赐之法。（辨驳何处无用）

三十六　我仅剩一法，即令人明察物件、其先后次序等，要彼暂离其前意见，而始亲属事[3]也。（著书者之法）

---

[1]格致诸学……当服之也，英文原文为：In the sciences founded on opinion and decree, anticipations and logic are of great service, where not things, but the assent is to be brought under subjection.（在建立在意见和法令基础上的科学中，预料和逻辑非常有用，在那儿同意被置于服从之下，而不是事物。）

[2]亦，应为即。

[3]属事，指连缀相类的事物，进行归纳。

三十七　我法与不信者[1]之法，始焉若相似，惟终焉大有分别，而变为相反。彼惟言无事可知，但我言万物中以常用之法，惟些[2]可知；彼废五官与心灵之权，反学[3]，我以机器供给而相助也。

[1]不信者，指怀疑论者，英文原文为the Sceptics。

[2]些，一些。

[3]反学，疑有误。培根意在强调他倡导的方法与怀疑论者在对待人类感官和理解力上不同，他要给感官和理解力指引，以便正确发挥作用，而怀疑论者则破坏它们的权威。培根并没有提出“反学”。

第二卷　心中伪像公论

三十八　夫心意像，又名伪像，俱存于内根，坚固藏执而不失。故真理扞格而难入，虽入其伪像，〈伪像〉亦复振兴，以阻格致之学，必当加意提防为要。（何为意像）

三十九　心中伪像，盖有四等，可明其理分列于下：一，万人意像；二，各人伪像；三，市井伪像；四，士学伪像。[1]（伪像分列）

四十　致[2]于发意见、公论，以推上真理即是正法[3]。扫除心中伪像，惟当指明以阐天地之义。（见上十四条）

四十一　万人意像，本具人性，亦[4]在万民之中。设言人之耳目心思可测万物，伪也。因耳目心思，仅系于人，非系万物。惟人之灵杂其意见于万物之中，如不平镜面斜反射光，而不显其正。（万人意像，见上二十三条，

---

[1]四类伪像，英文原文分别为Idols of the Tribe，Idols of the Den，Idols of the Market以及Idols of the Theatre。许宝骙在其《新工具》译著中分别译为族类假象、洞穴假象、市场假象、剧场假象。

[2]致，应为至。

[3]致于……正法，英文原文为：The raising of notions and Axioms by legitimate Induction, is doubtless the proper remedy for removing and driving out the Idols of the mind.（通过合理的归纳法提出概念和公理，无疑是消除和赶走心中伪像的适当补救方法。）

[4]亦，应为即。

又下四十五条）

四十二　各人伪像，即从各人之性而发也。除人性大概差谬外，各有己像，斜歪变坏天地之光，因各有气禀、习学等事。如此则人性各殊，而其意见同然[1]。（各人意像）

四十三　亦有伪像，从交接晤言[2]而发也，故名市井伪像。论说各别，意义相同，以致紊乱[3]。虽欲注解[4]，仍欲辨论，若不相合也。（市井伪像，见下五十九条）

四十四　更有人心伪像，从士学[5]而发也。因其士学不同，遗传万代，亦多杂异端于其中，故其格学之道，混而不真，其伪像多而且伪。（士人[6]意像）

四十五　人心本思万物有中和之理[7]，虽其物大有区别，而其心仍思彼能合符交属[8]。如人曾云星行全图[9]、五行定数[10]以汇万物，与诸伪意。（万人伪像一，从其心中推

---

[1]指各人的意见与人性相同，各各不同（“各殊”）。

[2]晤言，见面谈话。

[3]指选用相同的文字来表达不同的论说，导致了混乱。

[4]注解，解释。

[5]士学，指士人提出的各种学说或理论。培根的剧场假象包括多种虚假的学说体系，士学通常指儒家学说，因而译介缩窄了培根的批判范围。

[6]人，应为学。

[7]中和之理，最早见于《中庸》：“喜怒哀乐之未发谓之中，发而皆中节谓之和。中也者，天下之大本也；和也者，天下之达道也。致中和，天地位焉，万物育焉。”中和在传统中多指道德修养而言，但此处与道德修养关系不大。人心本思万物有中和之理，英文原文为：The mind...readily supposes a greater order and conformity in things（人心容易假定事物内有更大的秩序和一致性）。

[8]交属，相连。如汉代班固《西都赋》“源泉灌注，陂池交属”。

[9]星行全图，指前人构想出来的天体规则运行的图像。古代西方认为天体按正圆轨道运动，这是出于人对秩序和一致性的偏好而产生的看法。

[10]五行，指金、木、水、火、土。五行定数，指通过五行来确定事物的气数或规则。英文原文为西方的土、水、气、火四元素说。

度[1]而发）

四十六　当时人心喜悦数事[2]，即牵他事会意同行[3]。惟其相反者多而且强，究不思其意，或遗弃之，或疑惑之，仍执其本意。譬如异端邪术之中，此人视其合，而不视其不合也[4]。如前有人在庙，指人献神礼物，已邀福于鬼神作求救之举。其享之乎，抑吐之乎？故问彼信否。此人答曰：更有众人发誓献祭而仍不得救，其人果何如者？[5]凡事或合，或不合，必当相激同然[6]，则公论自可发明。惟由不合者，更为诚成也。[7]（二，从歪法而发）

四十七　人心激发，大抵以突然所触之事而充其猜意，余下之事以为与已具于心者同然。惟其人心缓行，不

[1]推度，揣测、想象。

[2]数事，英文原文为certain things（确定的事物）。

[3]指牵引其他事物来支持、强合心中所赞成的那些看法。

[4]指人们只重视那些和自己想法相符合的事例，而不重视那些不相符合的。

[5]此例证不见于英文原文。James Spedding等编著的《新工具》中有载，大意为：有一次，有一些人把一个庙中悬挂的一幅许愿得逃船祸图指给某个人看，问他是否还承认诸神的威力。这人看后，反问道："不错。但那些许愿之后而仍然溺死的人，又在哪里画着呢？"参见James Spedding, Robert Leslie Ellis & Douglas Denon Heath (eds.), *The Works of Francis Bacon*,V.4, London, 1858；培根著，许宝骙译：《新工具》，北京：商务印书馆1984年版，第24页。

[6]凡事或合，或不合，必当相激同然，英文原文为：the mind...it has the peculiar and constant error of being more moved and excited by affirmatives, than by negatives, whereas it should duly and equally yield to both.（心灵有一种特殊的、持续的错误，即比起否定的事例，肯定的事例更能感动和激动人心，然而，它应该恰当地、平等地信从两者。）

[7]惟由不合……成也，英文原文为：But, on the contrary, in the raising of true Axioms, negative instances have the greatest force.（但相反，否定的事例在提取真正的公理时更加有力。）

能归于不同者。[1]即有公论在此，如锻炼于火中，必当操权者强服之则可也。（三，从人心感触不均而发，见上十四条）

四十八　盖灵心恒动而不静，虽是徒然，仍欲前行。虽不能思宇宙有界，究欲恒思其外必有他事，亦不能思无始之时何以流于至今，皆从人才之有限而发。但要查察诸因，此有限之才，果有所害。天地中大总公论当为至实，而不能超乎外。惟人心不静，更欲充足其意，试拾级而登，忽造于至终之故，即循乎人之性而不循乎天地之性。由此本原，则格学大有变坏。盖望有因在大总之事不要在小总者，似觉无理也。（四，从灵心不静而发）

四十九　灵心一点之光，不是清光，因沉于志意情欲之中。依此灵心成格学，亦然。人欲何事为真，即信为真也。为此，弃难事而无忍查察；弃真诚之理，因减其所望；弃天地之奥，因从异端；弃见识之光，因其性骄傲，以为此功甚属卑浅，又屏奇妙之事，因畏俗人。如此，情欲染污其灵，有法甚多也。（五，从灵光蒙昧而发）

五十　凡阻隔、斜歪灵心之事，最大者，即从身官之迷雾、不足、差谬[2]等事而发。由此，有物触我身官，即过于他物，非突然而感触也。盖默思常情，大略尽在有形而

[1]惟其人心……不同者，英文原文为：whilst the understanding is quite slow, and unfit to pass so readily to remote and dissimilar instances.（然而理解特别缓慢，并且不适应如此轻易地转移到遥远和不同的事例。）

[2]身官之迷雾、不足、差谬，英文原文为the dulness , incompetency, and fallacies of the senses（感官的迟钝、不称职与谬误）。

不在无形者。[1]故凡无形中微奥之行动，人人不知，若不查察，即在天地，不能大行工耳。身官乃荏弱[2]而易差谬，虽有机器以助之，亦无大用。凡真阐天地之义，必当以正实[3]相合，与物件试行所成也。身官惟议其试行，试行议[4]天地与其实事。（六，从心身缺陷，见上二十四条、下七十条）

五十一　人心自然专向猜思[5]，想不常之事即为常有者。宁可剖晰[6]万物，不必猜思也，如有形之物大以其整理而查之[7]。凡有行动之法亦然。（七，从专向猜思，见上十七条）

五十二　此等伪像，名曰万人意像。推其原有七也：一，从灵心恒相仿[8]；二，从其先怀之意；三，从其有限之才；四，从其恒动不静；五，从其情欲染污；六，从其身官不足；七，从其感触之法[9]。（见上四十五至五十一条）

五十三　各人意像，推其原，从各人自有之情[10]，系其

---

[1]有物触我身官……不在无形者，英文原文为：whence the things that strike the sense, unjustly over-balance those that do not strike it immediately : So that contemplation usually ends with sight, and little or no observation is made of things invisible.（那些打动感官的事物，不恰当地压倒那些不直接打动感官的事物，以致沉思一般随视觉而止，对看不见的事物很少或者完全无所观察。）

[2]荏弱，柔弱。

[3]正实，英文原文为proper and apposite instances（合适、恰当的事例）。

[4]议，英文原文为judge（判断）。

[5]猜思，英文原文为abstraction（抽象思考）。

[6]剖晰，同“剖析”。

[7]大以其整理而查之，英文原文为：matter is principally to be considered in all its schemes and orgnaizations（事物最重要的是考察它所有的体系和结构）。

[8]灵心恒相仿，英文原文为the uniformity of the human spirit（人类精神的统一性）。培根指人类本性倾向于将世界设想为具有齐一的秩序性和规则性，从而虚构出一些并不存在的平衡物、连属物和相关物。

[9]感触之法，英文原文为the manner of the impression（感受的方式）。

[10]情，实情、情况。

心身，亦系其习学[1]、偶然等事，其样多而且异矣。（各人意像有四种，列下）

五十四　人每喜从一己之学习，或因思己之所作，或因殚力研究。斯人也，若从格学，则从一己之习俗[2]，恒变坏大道，而杂于心中之私意而成其学。（一，从人喜特为之学，见下六十五条）

五十五　人才格学大有区别：或能见物之分，或能见物之相合。[3]惟此二者，易致太过，或分之未均，或合之不准。（二，从人才之别）

五十六　设有人或誉古人之事，或誉今人之事，合乎中庸者，鲜矣；或争竞夫古人之所作，或藐视夫今人之所作，则大有害于格致之学，而不从真理。盖真理并非随时而作，即从天地与见识而生。此，暂也；彼，永也。[4]故此誉者，当扫而除之。灵心不当卤莽会意也。（三，从古今所誉）

五十七　设观万物在其实有之情，即磨折人心[5]；设

[1]习学，习练和学习。

[2]习俗，习惯。

[3]人才格学……相合，英文原文为：The great and radical difference of capacities, as to philosophy and the sciences, lies here, that some are stronger and fitter to observe the differences of things, and others to observe their correspondencies.（说起哲学和科学，能力之间的极大、根本差别在于：有的人较强、较适于观察事物的相异之点，有的则较强、较适于观察事物的相似之点。）

[4]盖真理并非随时而作……永也，英文原文为：for truth is not to be derived from any felicity of times, which is an uncertain thing, but from the light of nature and experience, which is eternal.(因为真理不是来自任何时代的福运，而是来自自然和经验的光亮。前者是不确定的事情，后者则是永恒的。)

[5]设观万物……人心，英文原文为：To contemplate nature and bodies, in their simplicity, breaks and grinds the understanding.（就自然和物体的单纯性去思索自然和物体，会使理解力破碎和散乱。）

考万物在其本体形色，即钝而散其心。[1]此专心于物之纤埃[2]，几忘其形[3]；彼见其形甚奇，而不进天地中实有之情[4]。此二法循序而用之，以考格学，则人心日益隽锐[5]，而且日益广大，其上不便与所生之伪像，皆可免去。（四，从选物不善）

五十八　以上之法，当祛各人之意像，推其本原有四也：一，从其数甚繁[6]；二，从其合而分太过也；三，从其誉古今之时；四，从其物之太大、太小。总而论之，有人考天地万物，必当疑窦丛生。凡所力触其心者，更宜谨慎，而保全其心均匀平正[7]矣。（各人意像之原，见上十五条、四十七条）

五十九　其诸伪像，属乎市井者甚难，从言语等事而发，若蛇之旋绕于心。虽人以为理治其言[8]，究言反其力触于心中，从此格物诸学变为刁滑[9]而不勤也。其言大略囿于习俗，依众人思意而析之。当有锐利者细窥之，要循天地

---

[1]设考万物……其心，英文原文为：to consider them in their compositions and configurations, blunts and relaxes it.（就它们的组成和构造去思索它们，又会使理解力变钝和松懈。）

[2]纤埃，即微尘，指微细的地方。如元代刘君锡《来生债》第三折："我则见天连着水，可便无半点儿纤埃。"

[3]形，英文原文为structure（结构）。

[4]不进天地中实有之情，英文原文为not to enter into the simplicity of nature（不进入自然的单纯性）。

[5]隽锐，出众、敏锐。

[6]从其数甚繁，英文原文为from prevalency（从流行而来），但其意不明晰。James Spedding版译为the predominance of a favourite subject（有一个心爱的主题占着优势）。

[7]均匀平正，英文原文为pure and equable（纯净和平等）。

[8]理治其言，英文原文为their reason governs words（他们的理性探制着语言）。

[9]刁滑，口语方言，意为狡猾。英文原文为sophistical（诡辩）。

而列之，则诸言阻而且禁。[1]故士人屡经辨驳，只因言中之意[2]而已。（市井意像从言而发）

六十　凡言，蛊惑人心所生之意像有二等：一，无物之名[3]；二，有物之名。独是此名紊乱，解说未清，皆从不循考物而发也。其一，如运气、太极、星象、吉凶、风水等，此属虚托伪学，若欲避之，必当尽弃其伪学则可。其二，曲折相通，其根甚深，譬如湿气，意义大不同，若不细译，恐所测之意亦不合，而紊乱格致之学。又有言语差谬，大小不同，或有本质之名，或有互行之类[4]，其名虽一，其意则殊，故其言之伪像多矣。（有物、无物之名）

六十一　士学伪像，既非本性而发，亦非私入其心，明明诱惑，而已从伪学、坏辨之法而收进。辨诘此事即不合我意：夫有理有法与我不对，毋庸辨之。[5]为此，古人仍有其名。所论者，惟查察真法，故我不缺其荣，如跛者行于正路，反胜于疾趋邪蹊[6]者，然[7]此人愈走则愈远也。今

---

[1]当有锐利……且禁，英文原文为：And when a more acute understanding, or a more careful observation, would remove these lines, to place them according to nature, words cry out, and forbid it.（当具有较大敏锐性或观察较为认真的理解力来改变语言的界定，根据自然的标准来安置它们时，语言就挡在路中，并反对这种改变。）

[2]指各种争辩的发生，往往纠缠在文字和术语上。这是由于语言文字和术语的界定带有模糊性。

[3]无物之名，英文原文为the names of things that have no existence（不存在的事物的名称），即有其名而实际不存在的事物名称。

[4]互行之类，英文原文为the tribe of actions（表示活动的一类语词），如生成、改变、变化等。

[5]辨诘此事……辨之，英文原文为：for where neither principles nor demonstrations are agreed upon, there can be no arguing.（因为无论是在原则还是论证上，我和他们都没有达成一致，那就不必辩论。）

[6]疾趋，快走；邪蹊，邪路。

[7]然，疑应为因。

查〈察〉格学之法，不大恃人之巧妙精奇，庶明人所便行之法[1]。设仅有两手而无界划，则其线岂能中正不斜者乎？我法同然。虽不欲辨驳异端，亦当略而言之：一，格学有几等；二，彼诸伪论；三，其伪论诸因；四，众人恒时会意差谬诸因。故就此而论，则真理之路可能贯通便行，俾人心自抱洁清而扫去其伪像也。（士学意像诱惑人心）

[1]庶，众多。培根认为他的方法不依赖于人智力的精微及天才的力量，具有一般智力和理解力的人都可以应用。

第三卷　格致诸道公论

六十二　士学之伪像，多而易兴。惟因人历有年所[1]，先有教[2]中之意固执于己，亦因国政[3]阻挠新开之事，故此难而不便。不然，其道其学更要多也。（伪学如何来，如何抑）格学或有从几些物件收事多，或有从许多之物收事少也，[4]于是其见识与博物根基太狭，而其所言之理从见识亦太小也。一，理论之学士[5]，其所见识者，从习俗之物而发，究未证其实也；或慎察之，而其留存之工，交于思念、议论之事。[6]二，更有学士殷勤细勘，劳于几些试行，从此推下[7]而建造诸学，执拗万物合乎此试行者[8]。三，又

[1]历，经历；年所，年数。

[2]教，英文原文为religion and theology（宗教和神学）。

[3]国政，英文原文为civil governments（国内政府或内部管治）。

[4]格学或有从几些物件收事多……收事少也，英文原文为：philosophy receives much matter from a few particulars, or else but little from many.（哲学不是从少数事物中取得很多，就是从多数事物中取得很少。）

[5]理论之学士，英文原文为the rational tribe of philosophers（唯理派哲学家）。

[6]其留存之工，交于思念、议论之事，英文原文为：commit all the rest of the work to thought, and the discussion of the wit（将余下的工作都交给思考和智慧的讨论）。

[7]推下，英文原文为deduce（演绎）。

[8]执拗万物合乎此试行者，英文原文为：and strangely wrest every thing else to these experiments（硬把其他一切事物扭成怪状来适合这些经验）。

有学士以教中之异端与所遗信拜之事[1]，交杂于其格学间。有反正[2]者，而从鬼神推下诸学。于是，差谬伪学之原共有三等：一从讹辨，一从执拗，一从鬼神。[3]（差谬之原，见十七条，又六十三条至六十五条）

六十三　论其上第一等之原[4]，古有名士亚利斯度得[5]，在西国数千年中，其格学独立寰区，以其辨论之道污夫格物之学。惟任其意，蛊厥诞辞[6]，杂于物理，宁可自欣而言执定，不欲得天地真理矣。观其书，虽有多试行，而未试之前，先言已[7]道，亦弗穷考之，以成其公论与执意，惟任已欲而拟定之，即挽其见识而引服[8]其本有之意见。故此士比其后徒全不动见识者，更当见责。[9]（理论之事，亚理斯度得，见七十七条）

六十四　执拗之学，所发意见有差谬，比上讹辨理论诸学，更有奇形怪状。此执拗之学，其根不在习俗之意

---

[1]所遗信教之事，英文原文为traditions of faith and worship（信仰和崇拜的传统）。

[2]反正，违反正常的做法。

[3]这三类，英文原文分别为：the Sophistical（诡辩的），the Empirical（经验的）和the Superstitious（迷信的）。

[4]指上条所说的从讹辨。

[5]亚利斯度得，即Aristotle（前384—前322），现通译为亚里士多德，古希腊百科全书式的著名学者，著述广泛，涉及伦理学、形而上学、诗歌、政治学等领域。本书译介的写法不统一，有时写为“亚理斯度得”或“亚力斯度得”。

[6]蛊厥诞辞，指用虚诞的理论蛊惑人心。

[7]已，应为己。

[8]引服，引以服从。

[9]故此士……见责，英文原文为：And, upon this account, he is more culpable than his modern followers, the scholastic philosophers, who meddled not with experience at all.（基于这个原因，他比他的当代追随者，也就是那些根本抛弃经验的经院哲学家，更应当受责。）培根意指亚氏学说对经验似是而非的使用，污损了经验。这比那些全然不顾经验的经院学者，具有更强的误导性，因而更加需要批判。

见，此意见虽有浅薄，究或普遍寰区[1]，惟其几些试行之界狭而且幽。有人日执此试行，即视其学似有证据，故污其猜思。惟其外众人，见其学虚而不足信也，故当慎思。若人要避讹辨之道而勤从见识者，恐其中亦有危事：从其狭学而发，因此心欲速，逾至其大综之道及初赋之理[2]。（执拗之学）

六十五　格学差谬，即从教中之异端与附鬼神之诸事，更大而且有害也，或于格学之全道，或于其道之分端。因人心或感于猜意，如感于习俗之意见同然也。讹辨诸学堪[3]诱人心，惟鬼神之事更能悦谀[4]奉迎。人之心与其志，多有骄泰[5]，其才学高明则甚矣。（见七十一条）此事自古有之。如西国名士比他哥拉司[6]者，虽其土俗异端、

[1]究或普遍寰区，英文原文为yet in some sort universal（在某种程度上是普遍的）。

[2]逾至其大综之道及初赋之理，英文原文为bounding or flying to generals, and first principles(飞跃到一般性理则和第一原理)。培根提醒那些读者，要避免由于人心的躁进，从少数狭暗的实验就跳跃抽象出事物较高的普遍原则。他认为，需要循序渐进，先得出一些中间原则，再慢慢进至较高的普遍原则。

[3]堪，能够、可以。

[4]悦谀，取悦奉承。

[5]骄泰，骄傲放纵。

[6]比他哥拉司，即Pythagoras（约前580—前500），现通译为毕达哥拉斯，古希腊著名数学家、哲学家，创立了被称为毕达哥拉斯学派的政治和宗教团体。在数学上，毕达哥拉斯被西方认为最早提出了勾股定理、证明了正多面体的个数等；在哲学上，提出了“万物皆数”主张，将宇宙看作是数及其关系的和谐体系等；等等。他的学说带有神秘色彩，如主张轮回说或再生说，认为“一”同于理性，“二”同于灵魂，等等。

卑贱压重[1]，又如伯拉多[2]者，其道精微而更危险也。（见七十五条至七十七，又九十一至一百零五条[3]）观他格学[4]之分端，亦有此害。因彼以猜度诸形[5]、始生之因[6]及终成之果[7]，互置于内，惟其间有之事恒为遗失[8]，故当此愈加谨慎，因以差谬反为正事，其害道也大矣。又尊重虚浮之事，即算人心有疵也。[9]近有学士，从此虚浮而成格学。彼以天事相杂于人事之中，即虚空之学及教中异端所发也。故其所信之事，止当归于信者，即为最要也[10]。以上学中之差谬，推其原有三：一，习俗意见；二，不足试行；三，鬼神异端。（鬼神之道，见六十三至六十五条）

六十六　今欲论格物中有猜思之差谬。其工艺所成之事，以合以分，大概化其本体[11]，人心一见，旋即变坏。故人或猜万物亦然，如有五行合成万物之虚诞，由此发显也。且人大观万物，所见禽兽、草木、金石等各种各体，

---

[1]虽其土俗异端、卑贱压重，英文原文为though joined with a gross and burthensome superstition（虽然他将他的哲学和一种粗俗、笨重的迷信联结在一起）。

[2]伯拉多，即Plato（前427—前347），现通译为柏拉图，古希腊伟大的哲学家、政治家，他的哲学体系博大，提出理念论、回忆说等理论，对西方产生重大而深远的影响。

[3]英文原文脚注参看第75、76、77、96、105条。

[4]他格学，英文原文为the other philosophies（其他哲学）。

[5]诸形，英文原文为abstract forms（抽象的形式）。

[6]始生之因，英文原文为first causes（第一性原因）。

[7]终成之果，英文原文为final causes（目的因）。

[8]惟其间有之事恒为遗失，英文原文为commonly omitting those that are intermediate（通常省略了中间性原因）。

[9]又尊重……有庇也，英文原文为：and to venerate vanities, should be accounted the pest of the understanding（又崇尚虚荣，应被视为理解力的祸害）。

[10]句中的信，指宗教信仰，英文原文为faith。

[11]大概化其本体，英文原文为generally alter the bodies（一般地改变物体）。

即思万物中本有数定之色[1]，恒要显发，而其余存者即从天地之功用；或有阻挠反斜之事而生[2]，或从其诸种诸体相争而成，亦从彼此相通而发也。其先猜思所成意见，即万物本有数定之色，其后猜思所成者，即万物亦有隐藏之色[3]、特然之气[4]。夫人心注于此二端，不能更增其名[5]。以上所成之意见，大害格物之道而无结果也。其从者不能前行近乎正理，而知万物全赅之色矣。（猜思差谬一，从工艺与万物之差谬）万物有自静之理[6]，不当查察，因其多害大道之故也。万物亦有自动之理[7]，感触其行，更为妥当。在格物中有习俗之动[8]，如物之诞生、朽腐、增减、迁移等，皆无紧要，仅系其物所动之地、之形、之大小等事，第[9]显于目前，而不系天地万物之中。惟指其动，或远或近，或速或迟，而不知其动之法与式[10]，亦不论其体相吸及其分端之内行。若论运动诸因，或以自然与猛烈有别，惟习俗之别而已。凡猛烈之动，实乃自然之动也；其外力行之因，

---

[1]数定之色，英文原文为certain primary forms（某些始基形式）。

[2]或有阻挠反斜之事而生，英文原文为whilst the other varieties proceed from some impediments and deviations of nature in her work（而其余的花样则是出于自然在实现工作的过程中受阻和偏离）。

[3]隐藏之色，英文原文为occult qualities（隐蔽的本性）。

[4]特然之气，英文原文为specific virtues（种属的德性）。

[5]不能更增其名，英文原文为kept from more solid knowledge（阻止获得更可靠的知识）。据此，“增其名”中的“名”，似应为“明”。

[6]自静之理，英文原文为quiescent principles, where of things consist（静的原理，即事物的组成）。这大致是在讨论事物的质料因。

[7]自动之理，英文原文为moving principles whereby they act（动的原理，即事物的所为）。这大致是在讨论事物的动力因。

[8]在格物中有习俗之动，英文原文为those vulgar differences of motion in the common natural philosophy（在常见的自然哲学中，关于运动的流俗区分）。

[9]第，次第。

[10]式，形式、样式。

惟使物动较异于前耳。（二，从格物中有辨论之意见）若人见有物，彼此有力相吸，以免分析之形[1]，或有物压下而合，又放开而散，复归其原，或有物自然汇聚，归向于同体，如重物有归向地球。此乃物中真实之动也。其先论之动，仅属辨诘而已，其二者相比甚可明也。（物中之意见比自然之意见，如何不同）有人格学猜思，恒察万物至终之理，但凡有用与力行之事，皆具于心也，（见四十八、五十一、五十七条）但人大概不息剖析天地万物，追致其体之纤埃，虽实有之，究无禅益于人也。[2]（三，万物中不守中庸，见十九至二十二条）

六十七　人心当谨慎，以免格学之太过在会意与不会意之事也。因其太过，惟如决定，又遗传心中之伪像，即无由以避之。（四，从会意中之太过）此太过有二等：一，属其言粗率者[3]，乃使诸学有执意自主之权[4]；二，属其不信之学[5]与查察不定不明之法[6]。其先，压下人心；其

[1]以免分析之形，英文原文为so as to prevent a vacuity or separation in the union of nature（以防止自然统一体有虚空或断裂）。分析，分割、离析，如康有为《大同书》："凡行政之区，有上达下达之异，皆视其国土之大小以为分析之广狭。"

[2]培根认为，"恒察万物至终之理"及"不息剖析天地万物"由于没有抓住中间性事物而有不小的毛病。"由于这样，所以人们一方面则要对自然进行抽象，不达到那潜而不现、赋形缺如的物质不止；另一方面则要把自然剖解到直抵原子方休。而这两个东西又怎样呢？它们即使是真的，也不能对人类福利有多少作用。"参见培根著，许宝骙译《新工具》第一卷六六条，北京：商务印书馆2011年版。

[3]属其言粗率者，英文原文为belonging to such as pronounce hastily（属于草率发声的那类人）。

[4]执意自主之权，英文原文为make the sciences positive and magisterial(使得诸科学积极和权威）。

[5]不信之学，英文原文为scepticism（怀疑主义）。

[6]查察不定不明之法，英文原文为a vague indeterminate method of enquiry（一种模糊、不确定的探索方法）。

后[1]，使之荏弱。亚理斯度得言及万事万物，任欲随弃随成，要显其事皆明皆定。此法从前曾有多用，至今尚有也。（太过二等，见七十一、七十二条）伯拉多之学引不信之道，先要阻讹辨之士，即惧自显有所怀疑之意[2]。迨后，伯拉多之门下士执拗不信之道，而明从之。虽此法较愈于邪僻而[3]言，究若人心怀疑，恐不能寻绎真理，则万事休矣。为此，人宁要反正[4]，随口闲谈，不思咨询、察其底蕴。但我恒置于前之事，乃非稍减心身之权，而〈是〉显其不及之事，要以凡有之机器而助之也。

六十八　以上尽论心中之伪像，皆当全弃，人心庶可洁清。因有人国建于格物诸学，要入不由他途，〈无〉异于天国，即必当有孩提性情也[5]。（凡像必当扫去）

六十九　辨论[6]之差谬，即护心中之伪像。因辨论之道，大概强制世人思念之下，其思念亦强制于言语之下，而真实辨论中有能力以成格物诸学也。观其辨论或真或伪，或明或暗，其所发之道，与猜思亦然。今所用之辨论，从身官与万物所发，其径通至公论、末节[7]，皆虚伪

[1]其先、其后，分别指前者、后者。

[2]先要阻讹辨之士……之意，英文原文为：to oppose the ancient sophists, Protagoras, Hippias, and the rest, who feared nothing so much as the appearing to doubt of any thing（反对毕达哥拉斯、希庇亚斯和其他智者，他们认为没有什么比看上去怀疑任何事情更可怕的了）。

[3]而，应为之。

[4]反正，违背、违反正确的方法、道路。

[5]培根意为从事科学和进入天国无甚两样，需要像小孩一样，去除所有的假象，使理解力得到彻底的解放和洗涤。译文缺了“无”字。此处借用《马太福音》第18章第3节耶稣的话：“我实在告诉你们：你们若不回转，变成小孩子的样式，断不得进天国。”

[6]辨论，英文原文为corrupt demonstration（有毛病的论证）。

[7]公论、末节，英文原文为Axioms and conclusion（公理和结论）。

而不足也。（见二十六至二十九条）此径有四，其差谬亦然：一，耳目之感触非也，因其身官谲诈而亦不及[1]。惟其不及，以代倩而补之[2]，其谲诈以反正而救之[3]。（见十六[4]、十八、五十条）二，凡意见从身官之感触，即成不正，杂乱无章。必当清楚，亦〈即〉有定界。（见十五、十八、十九、四十条[5]）三，推上之理有疵，因以算数之法[6]而推论格学诸理，究非次序以物与物中之性，避去决定、分析也[7]。（见十四、十八至二十二条）四，其始制与证据之法，即初发大综之理、继用其中之公论而试验之，乃诸差谬之根，而为诸学之灭也。（伪辨相顾心中意像，见十九等条）

七十　博学之见识即辨定至善之事，只要具于其试行之中，设归他事，见有同形，若非正实次序而成，最有

[1]因其身官谲诈而亦不及，英文原文为for the sense both fails and deceives（因为感官既不得用，又欺骗我们）。谲诈，狡诈、奸诈。

[2]以代倩而补之，英文原文为its failures are remedied by substitution（感官的不能用，要用替代品来改正）。代倩，原指科举考试时请人代笔作弊，此处指采取措施来弥补。

[3]其谲诈以反正而救之，英文原文为its fallacies by rectification（感官的谬误用整顿来纠正）。

[4]英文原文注释为第10条。

[5]英文原文注释还包括第20条。

[6]算数之法，英文原文为simple enumeration（简单枚举法）。

[7]避去决定、分析也，英文原文为：without duly excluding, resolving, and separating things or natures（没有适当地排除、解决和分离事物或性质）。

差谬[1]。今用试行之法，如瞽蒙[2]等然，为此遨游靡定[3]，随事随意。故周游物件之中，而无前行，有时喜悦，有时忧患，恒察不尽。或有试行者，仅略玩而已，比前所知者稍异，若不得其意，即疲倦而离之。苟能切心试行，止尽力于一事，如昔有羽士[4]烧丹炼汞，西士物物变金，但此事无智，亦无结果。因人不能查出物性于此物之中，必当广其考察于他[5]平常之物，即可矣[6]。（至善之辨，皆由见识）若人考究格物之学，而用试行，大概行止粗率而未预备。此非因所行之益，惟要保其名而得其利也。如此，即似古女之喻言[7]，当疾趋行路时，人掷金果于地，见之曲身俯拾，即阻行路而失其赏也。真实见识之行，以成新工，必当则效[8]上帝智慧而且次序也：创造天地之时，上帝首日造光，而不与他事。凡诸因与真公论，先由各等见识而

---

[1]博学之见识……差谬，英文原文为：But experience is by far the best demonstration, provided it dwell in the experiment，for the transferring of it to other things judged alike, is very fallacious, unless done with great exactness and regularity.（但经验是迄今为止最好的证明，只要它停留在实验上，因为将它转移到其他类似的东西上，是非常错误的，除非以一种非常精确和规则的方式。）

[2]瞽蒙，眼睛失明。

[3]靡定，不定、无定。

[4]羽士，原指道士，此处指炼丹者。

[5]他，其他。

[6]意为一个事物的性质不能仅就该事物本身来考察，必须拓展到其他事物中。

[7]古女之喻言，英文原文为阿塔兰忒（Atalanta）的寓言。这一古希腊寓言大意为：阿塔兰忒几乎是全希腊跑得最快的人，并发誓终身不嫁。她的父亲希望她结婚，她提出要和求婚者赛跑，如果求婚者赢了，她就嫁给他；如果求婚者输了，就要杀死他。后来，希波墨涅斯（Hippomenes）向爱神求助，爱神给了他三颗让人不能抗拒的金苹果。每当阿塔兰忒超过他时，他就扔出一颗金苹果滚到她的前面，让她追拾金苹果。最后，希波墨涅斯赢了比赛，娶了阿塔兰忒。

[8]则效，效法。

发，要寻绎[1]其光，而不寻绎其利。凡有公论次序查出而坚立者，必有诸果，如地获利多也。（离见识太早之差谬）以上，我惟言习俗之见识即伪辨之事，后要论试行之法，即有阻挠围住，如议论同然。先要论其形迹，以显今之格致诸学有疵，与其奇事诸因。此二法可避心中之意像，甚便。若知其形迹，能预备心中之会意；又若解其诸因，即可避去其奇事也。（习俗见识即伪辨论）

[1]寻绎，追求、探索。

第四卷　伪学形迹公论

七十一　昔时西学，大概从希腊国士而发。惟希腊士之知识，乃有辨诘自执之式，即全不合寻绎真理。虽其士有几等，所传之法不同，而其学则一。惟喜开新学而得声名，究属虚浮，亦不能合乎理。故此格学之迹，诡且谲也。（希腊之学，其原有疵而诡谲也）

七十二　希腊学所发之时与其民之性，形迹亦不善。斯时之见识浅薄，即为大缺陷之事也。所遗史记[1]，仅止千载，其上之书虚诞无稽。论本国之外与其诸事，皆属渺茫。但若要试行循理，必当有见识从内外而出即可矣。故若要迹从学初生之时及所出之地，如星学[2]，然则其古学无大便于我也[3]。（希腊士见识有限）

七十三　格学诸迹之中，其所结果至善至实，因其果

[1]史记，指历史记载。

[2]星学，指占星学。

[3]故若要迹从学……于我也，英文原文为：And therefore, if signs are to be taken of philosophies, in the astrological manner, from the times of their generation and nativity; no great good is thence promised of the ancient.（因此，如果我们用占星家的方式，从那些哲学体系出现的时代中得出一些迹象，那么不能推算出它们有任何大的好处。）

与所察之事即格学真理之据也[1]。希腊之学历代多年，仅一试行以振人而辅进益礼仪[2]可推其原，乃从其学之道而成也。古士[3]云：试行先从化学而发，后从试行成学，以查出而定其因；并非从学及所知之因，即查出而推下试行者。[4]如此，埃及人献奉新制者[5]为神，故其有禽兽之像，多于人之像，此无足怪。因其禽兽，尽其本性，查出之事多，而人以其讲论及性理[6]，查出之事少也。（一[7]，诸学至善之迹即从其果，而希腊学无果也。）化学士殷勤者，稍成结果，惟偶然而无本意也。或如工人变其试行，非从工艺定模，或由猜思之理而成。因其所猜之理，非惟无益，而又

---

[1]格学诸迹之中……真理之据也，英文原文为：But of all the signs of philosophies, none are more certain and noble, than those taken from their fruits : for fruits, and the discoveries of works, are as the vouchers and securities for the truth of philosophies.（但在所有哲学的迹象中，没有比从他们的成果方面获得的迹象更确定和显赫的；因为成果和他们的事功发现是哲学真理的凭据和担保。）

[2]仅一试行……进益礼仪，英文原文为scarce a single experiment can be produced, tending to accommodate or improve the state of man（几乎没有产生一个实验是趋向于为人类提供方便或改善人类状态的）。译介与培根原意不符。译介所说的“仅一”，从本条来看，指化学（原文为medicine）。

[3]古士，指Celsus（前25—50），现译塞尔苏斯，古罗马贵族，百科全书编纂者，著名医生，有八卷本《论医》（*De Medicina*）留世。

[4]试行先从化学而发……推下试行者，英文原文为：experiments in medicine were first made, and that men afterwards philosophized upon them, to find out and assign their causes ; but did not, contrariwise, discover and deduce experiments from philosophy, and the knowledge of causes.（在医学中，实验在先，此后人们才去对它们作哲学的思考，以发现和赋予各种原因；相反，不是从哲学和对原因的知识中发现或演绎出实验。）

[5]新制者，英文原文为inventors（发明家）。

[6]讲论及性理，英文原文为discourse and rational conclusions（讨论和理性的结论）。

[7]一，应为二。

害之。时有师巫[1]，查出数端，轻浮而戏骗也。教中有云：所信者必当以所行为证。此法于格学中甚善，即凡学必当以结果而议之。若不结果，即属瘠土，况若生争论辨诘之荆棘，而不生葡萄、橄榄之果乎？（二，花[2]士稍有结果，惟偶然而已）

七十四　亦有形迹，从格物诸学渐兴渐增而发：因事循乎物理，则长之；惟事循于人思，则消之。是以若古道不如树木拔出，根析树离，而〈是〉其根反从物理长育，即在西国历二千年，所见之事不兴，乃格物诸学存留依然，无所前行而有退缩之形[3]。论语[4]工艺，其基置于物理与见识之光，恒有活泼振兴之力，虽前草率，而后切磋琢磨[5]，至终而成全也。（三，从学渐兴形迹）

七十五　更有形迹，由著作者所任[6]，今被万民随之。此宁可为证，而不定为迹也。虽其著作者毅然言及物理，闲时或思，即任天地甚为微妙、万物甚为幽暗，与人信不

[1]师巫，从事巫术的人。

[2]花，应为化学。

[3]培根意指，如果古代学说不是与“物理”分割开，而是继续因循“物理”来吸收养料，那么两千年来西方科学就不会几乎原封不动，没有显见的增长。

[4]论语，似为“论诸”。

[5]切磋琢磨，源自《诗经·卫风·淇奥》“有匪君子，如切如磋，如琢如磨”。切、磋、琢、磨，古代分别指把骨头、象牙、玉、石头加工成器的工艺，后合在一起比喻不断学习增益，纠正缺点。

[6]任，责任。英文原文为confession（自供、承认）。

足以查其理。[1]若其所任为真，可阻惊吓者不再查究，亦要提醒他人更有壮胆，必更前行。[2]惟其著作者，不独为己言无力，又云凡未知未试之事，总不及[3]矣。此人即自骄嫉妒，自言工艺所不能行者[4]，以其查察之不足，反谤万物，而诞生绝望。由此古士言其无信，亦拟万民永沉于蒙昧也。或言格物诸像，本有分别，即人所不能察也。（四，著作者自任）

七十六　更有一迹，不可遗失，即学士中相[5]有不合，而其教亦大有区别。由此可知，从见闻通至慧心[6]之路，不慎保护。夫格学本系一事[7]，即乃万理或分或析，有多狂态差谬者，虽其不合区别之意，论及初赋之理与诸学全道，今或尽灭；究有多方辨诘等事，可明在我今有诸学或在其

[1]虽其著作者……足以查其理，英文原文为：For though these Authors pronounce upon things with so much confidence； yet at intervals, when they come to themselves again, they fall upon complaining of the subtilty of nature, the obscurity of things, and the insufficiency of the human nature.（尽管这些作者充满信心地论断事物，但当他们闲暇时回归自身，他们仍会抱怨自然的微妙、事物的难知，以及人性的不足。）据此，“人信”似为“人性”之误。

[2]若其所任为真……必更前行，英文原文为：And if this were done in simplicity, it might deter the fearful from farther enquiry；and stir up others of a brisker and more daring genius, to a farther prosecution.（假如这只是简单说到这里，它可能会阻止恐惧者不再前进探求，同时激发其他比较自信、大胆的天才勇往直前。）

[3]及，达到。

[4]此人即……能行者，英文原文为thus haughtily and invidiously pronounce things impossible to art（高傲而不公平地宣扬工艺的无能）。

[5]相，互相。

[6]慧心，英文原文为understanding（理解力）。

[7]本系一事，英文原文为one and the same subject of philosophy, the nature of things（同一个哲学主题，即事物的本质）。

辨定之法，咸无坚立不摇之理矣。[1]（格学之事大有分别）

七十七　或言亚利斯度得之学，众咸有会意者，迨后[2]其所[3]前之学已定而弛[4]矣，历经后代，查察无更美者；其学之根至善，即以前后之时皆牵引于中。[5]惟此意谬也。因其前士之学亦遗至斯人之后，迨西国乱时，从此亚理斯度得与伯拉多二士之学，于凡文学之中拯救之，若乘桴浮海[6]，其外诸学皆沉沦矣。又因会意者，即在自由议论合于同事，于细察之后[7]；惟其所会意亚理斯度得之学者，大半役于他人之疑惑[8]及权柄，如此，宁可谓谄谀[9]，而不谓会意。若其为大众会意从心而发，究非谓操权，而深惑相反

---

[1]虽其不合区别之意……不摇之理矣，英文原文为：And although, at present, the dissentions and disagreements of opinions, as to first principles, and entire philosophies, are in a manner extinct；yet such innumerable questions and controversies still remain among us, as make it plainly appear, that there is nothing fixed and stable, either in our present philosophies, or the manner of our demonstrations.（尽管目前，关于第一原则和整个哲学的不同意见和分歧已经在一定程度上消失了；然而在我们之中，仍有如此多数不清的问题和争论，这清楚表明无论在我们现在的哲学体系或论证方式中，都没有任何固定和稳定的东西。）

[2]迨后，指亚里士多德学说发表之后。英文原文为after its publication。

[3]所，疑衍。

[4]弛，毁坏、废弃。如《国语·鲁语》："文公欲弛孟子之宅。"

[5]其学之根至善……皆牵引于中，英文原文为：this being so well founded, as to draw both former and latter times into it.（他建构得如此好，以致把他前后两代囊收其中。）

[6]乘桴浮海，语出《论语·公冶长》"道不行，乘桴浮于海"，通常指乘坐小筏子浮游海外。此处意谓两人的学说像小筏子一样漂浮在时间的海洋上，未被淹没无闻。

[7]又因会意者……于细察之后，英文原文为：that alone can be justly called consent, which consists in a freedom of judgment agreeing in the same thing, after due examination（真正可称为同意的，是经过适当的审查后，对同一件事进行自由判断而达到一致）。

[8]疑惑，指蛊惑欺骗。如《三国志·魏志·邓艾传》："毌丘俭，遣健步赍书，欲疑惑大众，艾斩之。"英文原文为prejudice（成见）。

[9]谄谀，谄媚阿谀。

也；[1]因系慧心之事，除教规与政事外，即赖于人多，其会意之迹最不合也[2]。所喜众人莫大于触其猜思，或以习俗意见，如绳束缚其慧心是已。古士所云及慧心之事，亦可归于良心之道[3]，其曰："见众人会意而谄谀时，即当查察自行之差谬。"此言确然。如此，其会意即格学最为不便之迹也。以上所言，即论格物诸学之伪迹，或从其原，或从其果，或从其前行，或从其著作所任，或从大众会意也。（五，大众会意之辨论谬也，见七十一至七十七条）

[1]若其为大众会意……深惑相反也，英文原文为：But though it were a free and general consent; yet consent ought to be so far from passing for any real authority, as to give a violent suspicion of the contrary.（尽管这是一种自由和普遍的同意，然而同意应该远离任何真正的权威，以致于激烈地怀疑相反的学说。）

[2]因系慧心之事……最不合也，英文原文为：for of all characteristicks, that is the worst which men take from consent, in matters of the understanding；except such as concern religion and politics, which properly go by voices.（论及理解力的所有特征，以同意为据最为糟糕，除了宗教和政治需要恰当地通过声音来表达之外。）

[3]古士所云及慧心之事……良心之道，英文原文为So that the thought of Phocion, may be justly transferred from morals to intellectuals（福基翁关于道德的看法可以恰当地移用到知识问题上）。福基翁（Phocion，前402—前318），古希腊雅典政治家和军事将领。

第五卷　格学差谬诸因

七十八　今欲指格学差谬与其历有多年之诸因，使人不再奇异我侪[1]所言之事素来隐藏，只奇此事何以今提于人心也。即我所见，非因人有出类拔萃之才，乃惬好[2]之故；是时成之，非才成之。溯前历代约二千五百年，有人记心，载文学径行[3]，其间仅得六百年有振兴格致之学，并使人渐成礼仪，因时如国有荒野沙石之区焉[4]。尝考西国文学，其时与挨轮[5]有三：一在希腊，二在罗马，三在欧罗巴[6]西；每处仅二百年。其文学振兴至他时与他地，兹不具论。著书虽富，究碍格学。故格学稍兴，第一因即其合宜之时稀也。（其前格学差谬之因：第一，其时合于学者稀也）

七十九　第二因最要者，其上历代中有才有文之士振兴之殷勤，最稍行于格学。虽是诸学之大根，其皆分离此

[1]侪，同辈或同类的人。

[2]惬好，适当、恰好。英文原文为owing to a felicity（归功于恰好）。培根认为他能提出对科学的这些看法，是时间或机缘的结果。

[3]径行，路径、路程。

[4]因时如国有荒野沙石之区焉，英文原文为：for times, as well as countries, have their wastes and deserts（因为时间和地域一样，都有荒地和沙漠）。

[5]挨轮，顺次更替。

[6]欧罗巴，即欧洲，Europe的音译。

根，或为有用，究不能大增。在西国耶稣教[1]收[2]而振兴之后，有才者大半力行教中之事，因其锡赉[3]尤为便益也。此教学[4]经历于第三时。在欧罗巴西文学振兴，与教事辨论，皆在此时。溯前代经历第二时，士人深考之事，即在罗马，系乎性理。[5]此时大有才者，潜心于政事，因罗马乃一统大国[6]。所最要者希腊格学，振兴之不久[7]。其前有智者七人[8]，大半专心性理与政事，由此人心离弃格学之事而从性理。此时有考究者[9]，其意变坏，惟虚诈而已。故格学之事，惟稍前兴，奚奇哉！（第二，格学少工，其时亦不合时宜也，见七十八条）

八十　格学者，虽有人探索，究无全考者，仅有一二人在静室略究之。因此格学惟引至他事，并非独成其道而

[1]耶稣教，指天主教。

[2]收，英文原文为received（被接受、认可的）。

[3]锡赉，赐予、赠予、给予。

[4]此教学，指对此教的研究、学问。

[5]溯前代经历第二时……系乎性理，英文原文为：But, in the preceding age, during the second period, the principal study and labour of the philosophers, among the Romans, were bestowed upon morality.（但是，在前一个时代，即整个第二个时期，罗马哲学家的主要研究和工作耗费在道德上。）

[6]此句前英文原文有besides（此外）作联结，表明与前句是并列关系。

[7]指繁荣的时间不长。

[8]智者七人，即希腊七贤。按罗马时代古希腊哲学史家第欧根尼·拉尔修《名哲言行录》的描述，希腊七贤分别为：梭伦（Solon，前638—前559），政治家、立法者、诗人，曾出任过雅典城邦的第一任执政官；泰勒斯（Thales，前625？—前547？），著名哲学家，创立了爱奥尼亚学派，提出水是万物的本源；奇伦（Chilon，前6世纪），建议任命监察官来辅助国王并担任过此职务；毕阿斯（Bias，前6世纪），律师；庇塔库斯（Pittacus，前650—前570），政治家和军事领导人；佩里安德（Periander，前665—前585），政治家；克莱俄布卢（Cleobulus，前6世纪），政治家。

[9]其前有智者七人……此时有考究者，英文原文指苏格拉底将哲学从关心天上降到地上，使哲学从原来对自然哲学的关心转到道德哲学。

察其理也。但若格学要作有益，即须行于他学，而其他学仍归于格学也。为其上缺晗[1]之事，有天文、光学、乐音、工艺、医学、性理、政事、辨论等，不能多从其基筑高，轻覆于万物之上而不能入其中也。因其诸学分列成之[2]，未有以格学长养之，即不能加其力，使其广大。如此，诸学离其本而无建造者，亦不足奇也。（第三，潜心格学者少矣，见七十九条[3]）

八十一　诸学迟兴，更有大因，即其末级[4]未曾正定明晰，故行路綦[5]难矣。凡学真实末级，即以新制与新才俾人富足。但诸学大半非为此，惟乃佣工自执而已。或时有奇巧工艺者，只要一己之名利，偶试新制，尝有此事，自有吃亏[6]。反之，众人大半非广诸艺诸学，第取其中之事，以成私便。若有人真实考究一学，或宁随其诸念[7]，而不细寻真理。设有人正究之，惟要查察已明诸物之因，只以充足己心，非作新造之预质与公论之新光。为此，既诸学之末级未曾正定明晰，故人误趋，不遵其末级，亦不足奇也。（第四，诸学之末级差定也）

---

[1]晗，应为陷。

[2]因其诸学分列成之，英文原文为these particular sciences are divided off, and formed（诸具体科学被分裂及组建）。

[3]原文误作“第三潜心格见七十九条学者少矣”。

[4]末级，英文原文为end（目的、目标）。

[5]綦，很、极。

[6]尝有此事，自有吃亏，英文原文为which he generally pursues to his own loss（他一般是追求自己的损失）。整句意指，当有人不为名利投身新发明时，多半要以牺牲自己的财富为代价。

[7]诸念，英文原文为the variety of thoughts and doctrines（各种思想和教条）。

八十二　若此末级己[1]正提之，究人拣选[2]差路，即不能通也。向无人留意开路，从身官与善行见识至于慧心，惟有物理留至遗传蒙昧、辨论纷杂、偶然而已[3]。乃真可奇也！若有人细思畴昔[4]咨询查察之路，即知此路浅薄无明者。若人要查察一事，先考他人已所言之，次加己之思念在〈其〉中，至终竭力自求其心，俾谕[5]其旨。此法皆无根基而束缚于意见也。（第五，拣选差路）或以辨诘[6]助之，此特有名无实。因辨论并不查出诸艺之初理与公论，惟似相合[7]。但有人专心求证，查出初理与公论，即归彼于信，或谓每工艺者，在其工艺，必当见信。[8]（辨诘之路）如此，留存惟有见识而已；先遇之曰偶然，后求之曰试行。此等见识，如松小丫，又如暗中觅正路，宁待至日出或用火把，即可行矣。〈相〉反，见识之真法，先得火光，后指正路；始要正实试行，从此发出公论，而后由此公论复生新诸试行。太初之时，上帝谕命行于万物，皆有次序。

---

[1]己，应为已。

[2]拣选，选择。

[3]惟有……偶然而已，英文原文为or else to the uncertain waves of accident, or a vague, and uninformed experience（或是不确定的偶然起伏，或模糊而贫乏的经验）。

[4]畴昔，以前、昔日。

[5]谕，明白、晓得。

[6]辨诘，英文原文为logic（逻辑）。

[7]意指演绎逻辑只能发现那些和诸原则或公理相协合的事物。

[8]但有人专心求证……必当见信，英文原文为：when men are curious and earnest with it, to procure proofs, and discover principles, or first axioms, it refers them to faith, or puts them off with this trite and common answer, that every artist must be believed in his own art.（当人对逻辑获得证据和发现原则或者第一公理感到好奇和认真时，逻辑就将他们引向信仰，或者用一个陈腐而普遍的答复来搪塞他们：每个工匠都必须相信他们的技艺。）

（见识必从）自此可见诸学，未有前兴，不再为奇。因人全〈未〉入正路[1]，又离见识之事，或在其中迷惑，如行在曲折之间。因必有次序之法，一直经过见识稠密之处，至于公论平原矣。（次序之法必当守也）

八十三　此害事大行，盖（有自）矜[2]之意也。想人久习试行，役于五官，囿于外物者，减其心之威严也。因其物所考甚难，追想甚微[3]，讲论无理，行为无礼，数目无量，且无高超也。为此，其正路不特离而且阻滞也，见闻之事[4]不特弃而且轻亵[5]也。（〈第六[6]〉，试行见弃）

八十四　夫有人尊古时及文学中有操权者，从此其流通之会意阻兴诸学。论及会意，以上明言之矣。（第七，顾[7]古时及操权）依人意想古时，即虚诬也，而不合其字之本义。因世远年湮，当以为古也。只当归今时，而不当归前时：如人年老，必当习熟，较深于年幼者，世时亦然，可望世人较前更多习熟而明万物也。（习俗以古时之意见，差也）今时有人，水睦[8]远行，即见诸物、所察之事，更以助格学。若我多知其外之万物，而其内心蒙昧，囿于古人之遗传，即当羞耻也。（今人远行）吾尝以作者

[1]全〈未〉入正路，英文原文为entirely missed the way（全部误入歧途）。

[2]自矜，自夸。

[3]追想甚微，英文原文为ignoble in speculation（不值得沉思）。

[4]见闻之事，英文原文为experience（经验）。

[5]轻亵，轻慢。

[6]对格学差谬的分析，八十二条中有“第五”，八十四条中有“第七”，此处缺“第六”，故增补。

[7]顾，顾虑、考虑。

[8]睦，应为陆。

为有大名，究轻始作之始者乃时，即万无理也；[1]因真理即称时之所生，非操权之所生也。从此可见，有始作者与古时及会意，皆羁[2]人才，以阻其与物亲交，亦不足奇也。（誉始作者之甚愚也）

八十五　以上所论人誉古士、操权、会意者。若人勉勤工，以合已察之事，又誉已久有之功也。盖观工艺所成诸物，以使便用，只思人富足，而不知其缺陷也。始焉，人所有之物不多，亦非缘人聪明卓越而有者，其余皆因人性忍耐殷勤而考之，亦因艺器微妙而成之。[3]譬作时辰钟，其工微妙，其用便益，似日月星辰旋绕之仿佛也，似人脉[4]行动次序之不紊也，但此事惟从一二定理[5]成焉。（第八，誉今用之工艺）设有人思学艺中显呈微妙之工，如查天上日月星辰旋绕之法，乐中音调铿锵，又如酒澧[6]、饼饵[7]、器用等具，只思此事经历代相沿成风，考察浅鲜，即望此

[1]（今人远行）吾尝以作者……万无理也，英文原文为：It's the greatest weakness to be attributing infinite things to authors, whilst we are refusing Justice to the author of authors, and all authority; which is time.（最糟糕的是，我们给众作家以无限的权威，却拒绝以公正来对待时间，它是众作家的作家和一切权威的作家。）

[2]羁，束缚。

[3]人所有之物不多……微妙而成之，英文原文为：not considering that the original observations of men, and the operations of nature, which proved like the soul and first mover of all this variety, were neither numerous, nor derived from any great depth of knowledge ; and that the rest was owing only to the patience of men, and the subtile or regular motion of the hand, or instruments.（没有想到一切人类的创造性观察和对自然的运作既不多，又不是从任何深刻的知识中发掘得来，而这些创造性观察和运作已被证实是一切花样的灵魂和首要动因；也没有想到其余的只是由于人类的耐心，以及手或工具的精微或规则的运动。）

[4]脉，脉搏。

[5]定理，英文原文为axiom（公理），译介中多对译为“公论”。

[6]酒澧，泛指各种酒。

[7]饼饵，饼类食品的总称。

事易于查究也，而无奇异。惟怜人之情形，因历年中察出之事甚少，其上所言之察较性理诸道更古。总之，当性理学艺[1]兴时，则新制便用之功衰矣。（按，时新制之工少也）试观人自市场径赴书院，每见图书满架，其意若相同，惜少栽培耳。（书意无异）观前化学者[2]，虽多方设法，究无大用；其意稍有可用之处，即譬父临终时，遗子田产曰“田中有宝”，厥[3]子掘其地，觅其金。虽金未得，因其田勤耕，收成繁实[4]。岂非宝哉？（化学者所行）或有徒猜万物之功用有诸奇事，如阴阳合与否。若成何工只独美誉，令人诧异，无有结果便益也。[5]（从本然巫觋[6]者之行）或有从鬼神异端[7]以释物理，此可不必言之。究思事杂，即为不足之因也。[8]（鬼神巫觋）

八十六　以上言人所誉诸道、诸艺，即琐屑之事，因所传者骄傲刁滑，即加其誉也。每讲论时，滔滔汩汩[9]，若

---

[1]性理学艺，英文原文为the rational and dogmatical arts（唯理的与教条的人文科学）。

[2]化学者，英文原文为alchemists（炼金术士）。

[3]厥，代词，他的。

[4]这寓言为培根原文所用，出自《伊索寓言》“农夫与他的儿子们”。故事中，埋藏财宝的地点为葡萄园。译介在此作了语境化处理。

[5]若成……益也，英文原文为：and if, at any time, they have produced works, they are rather suited to admiration and strangeness, than to fruit and advantage.（假如他们曾在某时候产出一些事功，那他们也只是利于标奇取誉而不是利于得用致果。）

[6]巫觋，指巫师。古代称女巫为巫，男巫为觋。

[7]鬼神异端，英文原文为superstitious magic（迷信的幻术）。

[8]究思事杂，即为不足之因也，英文原文为：In the mean time, it is no wonder if an imagination of great plenty has proved a cause of want.（与此同时，非常大量的想象物被看作是科学贫乏的原因，这没有什么好奇怪。）

[9]滔滔汩汩，比喻说话连续不断的样子。滔滔，形容流水不断；汩汩，水流动的声音或样子。

无不通晓也。聆其言，观其法，个中赅括[1]尽属虚浮，如形体全备而无肺肝然；究习俗者视之，若完全无缺也。（第九，教学者如何刁滑）初时访真理者，以其见识相合有格言之式，并无次序之式，皆有分端不连之形也。[2]惟今人所传，如已全备，故于其道不能前行，亦奚足奇哉？（荐格言之法）

八十七　间考古事，愈觉有名，因所作新之事虚浮，特在格学所成即然。[3]有夸奖美誉者，或易动人信，或以哄骗，即戏玩人也。且允曰如能益寿延年，却病修身，烧炼本质[4]，未卜后日之事，默示秘言，仰察天星以判吉凶等事，此皆虚诬，与格学中[5]大有异也。盖人言论如此，有人即不欲考究新道，只因以上戏玩多矣：夫虚浮之事，较于真艺不同，如闲书之不同史传也。亦无志新道，不欲考究耳。（十，今人虚誉允言）

八十八　诸学以胆怯与所提起之工甚浅，而更受害

---

[1]赅括，概括。

[2]初时访真理者……不连之形也，英文原文为：But the primitive enquirers after truth, with greater fidelity, and a happier conduct，used to throw all the knowledge they determined to collect, and treasure up for use, into aphorisms, or short and loose sentences; not ranged into method ; without professing or pretending to set down the whole of an art.（但那些最早最古的真理寻求者，出于更诚实和较好的导向，往往将他们坚持收集和储以备用的知识装在语录或短而零散的句子里，不用方法编串起来，也不自称或假装包罗了全部技艺。）

[3]间考古事……所成即然，英文原文为：Things of antiquity have also received an additional reputation and credit, from the vanity and levity of such as offered new ones ; especially in the effective and operative part of natural philosophy.（古代的事物又在新体系提倡者的虚妄和轻浮的衬托下，获得了额外的声誉和信誉，尤其是在自然哲学的有效和可操作的部分。）

[4]烧炼本质，英文原文为the Transmutation of substances（变化质体）。

[5]中，疑衍。

也。但胆怯者，更有骄傲之意，故害事尤大。（十一，提起所堪之工[1]，缺也）尝有艺者恕其艺工之缺陷，意谓归于天地也；又如言其艺未曾成工，即不能成矣。盖今之格学，有意令人思其才其艺不能廻超[2]乎天地万物也。（见七十五条）此意若有狭隘人才，又绝我侪希望耳。但若限人之才而使其绝望，不能殷勤前往、振作有为，惟艺者仅要己艺全备，此乃私意而已。若人专考天地之事，欲开作新之道，大概只定于一事，而不思考他事也，譬若噏[3]铁之理、潮汐之涨缩、星辰之旋绕等，似隐藏秘密，必不能详细䌷绎[4]矣；究考一物之理，即在此物之中，是不智也。因有物，其理隐于内，即在他物而显明之；在此则令我奇誉，在彼则觉平庸也。（工艺之缺陷，归于天地）且有物，其理视若秘妙，显呈于他物中，即人之心思试行专于此物，永不能察之。工艺中时有新制之式，大局而论，只要〈是〉守其旧法而已，或以装饰，或以夹合，或使其广，或使其小，或使其更便益也。（有物之秘，即在他物显明）设有新制之美，宜乎人之尊位，若不显著，奚足奇异？因人喜肤浅之工，反思其所作之事即为大郑重也。[5]（肤浅之工，反思郑重）

[1]所堪之工，指与所承担的责任相称的工作。

[2]廻，应为迴。迴超，意为远远超过。

[3]噏，同“吸”。

[4]䌷绎，同“抽绎”，指理出头绪。

[5]设有新制之美……为大郑重也，英文原文为：So that it is no wonder if noble and worthy inventions, suitable to the dignity of mankind, are not brought to light, whilst men content and please themselves with such slender and childish performances, and at the same time imagine that they perform great matters by them.（适合人类尊严的高贵和有价值的发明没有出现，这不奇怪。人们自足和自喜于这种琐细而幼稚的工作，同时还想象他们靠自己完成了了不起的大事。）

八十九　格学历代有暴敌相争，即从鬼神异端及人心蒙昧、锐志从教等事。如昔希腊国人，初归雷电暴风与其真故，众未细解，即被定罪以亵渎神祇；或云地球圆形，而非平形也。（从鬼神异端及锐志者，与格学相反）今时争论天地，亦属危险，因不遵古士遗传之理。于此，中西前时若仿佛也。（格学不遵教中之道，故危也）或从格学事以证耶稣圣教，即紊乱也。意谓此配合为理，而以天事与人事相杂，故有紊乱之意。（根[1]学与圣教夹杂）夫格学真理可以辅翼圣教，显指上帝旨意权能，故不当退然畏葸[2]。查万物真理，其意引人从真道。惜哉！人心蒙昧，锐志遗传，即背格物之学并圣教之事。（或思深考万物即颠倒圣教矣）

九十　且尝观学塾、学宫，意谓长人才学、益人聪明，但真作诸学之敌，亦无相辅焉。因读书之事，遵平常之路，不必趋向新途。设有放胆议论，此事只恃一己所作而不恃乎友也。苟不恃友相助，更觉殷勤放胆多阻其利。[3]大凡人皆从众，若欲区而别之，即责新作者也。[4]惟工艺、政事若不相同然，有一[5]新光之象，一有反背之意，其危

[1]根，应为格。

[2]畏葸，畏惧、胆怯。

[3]苟不恃友相助……多阻其利，英文原文为：and if he could dispense with this, he will still find his industry and resolution a great hindrance to the raising of his fortune.（即使他能摆脱这些，他仍会发现他的勤劳和坚决是他增加财富的一大障碍。）

[4]大凡人皆从众……责新作者也，英文原文为：For the studies of men in such places are confined, and pinned down to the writings of certain authors ; from which, if any man happens to differ, he is presently reprehended as a disturber and innovator.（因为在这些地方，一般人的研究受到限制，被固定在某些作家的著作中，如果任何人出现异议，他马上被指控为扰乱者和改革者。）

[5]有一，应为一有。

险亦异。如政事一变，恐有疑窦而生事端，因政事在操权、会意、声名，而不在决断真道之事；惟工艺、文学，犹如地圹[1]，四面凿开新径，踊跃前行。此理当如是，而究不然。本国学塾之矩矱[2]，即阻兴格学也。（十三，学宫、学塾，不宜乎格致之学也）

九十一　以上相反之事，虽然歇绝[3]矣，惟人竭力亦无奖赏，能阻格学前行之事。（见九十条）因掌学者奖赏无权则。诸学广开，必赖宏才而出也，惟其月俸即在习俗之手。每见官长，或聪明有限，则所行之事不特失其赏，而且无民誉，虽拥高位、理政事[4]，反被习俗者窘逐压抑。为此，格学不能前行，亦何足奇？既无勉励，而反菲薄[5]矣。（奖赏有缺陷）

九十二　但诸学长行新作工夫，此乃最阻之事：使人绝望，想多塞碍[6]矣。有智虑者，亦疑诸试行也；且观天地微妙、生命短折、五官差谬、议端愚鲁[7]、试行艰难等事，如潮汐涨缩，历经年代，一兴一衰，至此想不及最高也[8]。或云不然，骤答曰“非尔所知也”，且云初作此工，若嬉戏然，继则觉其难，终则若治丝棼乱也。（绝望或思其工

[1]地圹，指原野。

[2]矩矱，指规矩法度。

[3]歇绝，消失、断绝。

[4]虽拥高位、理政事，放在此处令人费解，疑应接在“每见官长”后。

[5]菲薄，轻视。

[6]想多塞碍，英文原文为the supposition of impossibility（断定不可能的），即断定科学的发展是不可能的。

[7]议端愚鲁，英文原文为the weakness of the judgment（判断的微弱无力）。

[8]至此想不及最高也，英文原文为：and, when arrived at one certain state and degree, to become uncapable of rising higher.（而且，当达到某一状态和程度时，就无法再向上推进了）。

不能为者，见七十五条）盖聪明者既有此意，我侪宜小心谨慎，弗只因外观有耀而顿起猜疑。务勤查察，以望后日之得意从何而来也，汲汲衡量其据可凭[1]。即如望问[2]，当我查出望问根基，即无应许，亦非勉强其心不生疑团，以诱人议，惟执其手领道而已。[3]

---

[1]汲汲衡量其据可凭，英文原文为we shall...and diligently discuss and weigh those grounds that appear the strongest（我们还应勤勉地讨论和权衡那些看起来最有力的理由）。汲汲，努力追求。

[2]望问，英文原文为Hope（希望）。

[3]当我查出望问根基……领道而已，英文原文为：And whilst we thus enquire into the grounds of hope, we ourselves make no promises, offer no violence to the mind, and lay no snares for the judgments of men, but only lead them by the hand.（当我们这样探询希望的理由时，我们自己没有作出任何承诺，没有施加对心灵的任何强制，也没有为人们的判断设下任何圈套，只是拉着他们的手作引领。）

第六卷　振兴诸学有企望诸基公论

九十三　今要指此企望[1]，其最有力之故，以渐预备人心。盖预备之事，亦是振兴诸学之分端也。除此其外诸事，宁使人绝望，不使人舒畅殷勤前行试法。如此，俾彼轻己所有之物，亦甚觉己之运蹇[2]。故要指其意，以显企望格学振兴之故。如昔哥伦部斯[3]，未曾起程经大西洋寻觅新地，先言其有企望之故。此故虽初被弃，究后以所见识新地为应验，即成大事之原由也。（振兴诸学有企望，最大之故）我要始论上帝，万善之本，昭昭之父。我今所作之事，必从彼而来矣。观天地之万物，其初最纤[4]者，必有其功效。圣书云：上帝国，其临不显。[5]此言论天道之大事亦然。其万事往来，无声无臭，在凡人未思之前，告厥成功[6]。古昔有圣，先言未来之事：末期既届，众将察之，益

[1]企望，英文原文为hope（希望）。

[2]蹇，不顺利。

[3]哥伦部斯，即Christopher Columbus（1451—1506），现通译为哥伦布，意大利著名航海家，先后多次出海远航，开辟了横渡大西洋到美洲的航道，是地理大发现的先驱。

[4]纤，纤微、细小。

[5]出自《路加福音》第17章第20节，和合本译文为：神的国来到，不是眼所能见的。

[6]告厥成功，向他人陈述功业成就。出自《尚书·禹贡》：“禹锡玄圭，告厥成功。”

其识见。[1]即可知上帝必欲普天下贯通，彼此交接，即今以舟车为证，到此时诸学亦必加增也。（今作之事，其美意即企望振兴诸学之故）

九十四　昔之差谬，与未试用之法，即为其企望之大故也。若人历代经行正路，要前兴诸学，究不能高举，若我思尚可高举，即为放胆敢为之意；但若彼舍正路而竭力不正之法，故此其难并不因其事，即不能接之乃由我慧心，与其所用之法，及其所系之事，即可改正。[2]故必当指其前之差谬，即阻振学而绝望矣。虽上已言之，而今要复略言耳。（古人差谬必除，试行新法必用，见公论七十八至九十二，又一百零五、六条）

九十五　凡考诸学，或冒为试行者[3]，或徇理性者[4]。第一似蝼蚁聚物而用之，第二如蛛丝由己结网[5]。惟蜂采花酿蜜。此蜂如格物之功，不多恃心才，亦不以博物工艺、识见之事集于记忆，但包涵消[6]于慧心。故若试行与理性之才合成之，乃未曾有，即有企望之便故也。（理性与试行之才当合）

[1]出自《旧约·但以理书》第12章第4节，和合本译文为：直到末时，必有多人来往奔跑（或作切心研究），知识就必增长。

[2]故此其难并不因其事……即可改正，英文原文为：it follows that the difficulty does not arise from hence, that things lie out of their reach, but from the understanding itself, its manner of use, and application, which may still be remedied.（因此，这说明困难并非出于超出他们能力之外的事物本身，而是起于人的理解力及其使用和应用的方式，这些仍然可以补救。）

[3]试行者，英文原文为empirics（经验主义者）。冒为试行者，假冒的经验主义，如前文所说的“不足试行者”。

[4]徇理性者，英文原文为rationalists（唯理主义者）。

[5]第一、第二，分别对应前面的“冒为试行者”和“徇理性者”。

[6]消，消化。

九十六　格物之学，向未觉清，反恒染污。如亚力斯度得之教，以辨论染污之；伯拉多之教，以鬼神之道染污之；其后以数理染污之，即当终成格学而不当始生之[1]。为此，由洁清格学则更有企望之故也。（格学必当洁清）

九十七　未有人恒心坚固，恃已[2]尽弃所猜之道及俗成之意见，又使慧心洁清，而新纳物理。故我所有之智，乃集成无化、杂乱之形[3]，其中有信[4]、有偶[5]、有小儿之事相夹也。（心中必洁）若有人年大，心中清楚，无私偏之意，新系[6]物件见识者，可企望之事更佳也。（差意必除）今时除格学振兴以外，皆绝望矣。从见识次序之法，必当新造之，即向无人为。如此，恐人毁我有自诱之意，因我本欲删去一切虚浮之事。古昔有西君，名亚力山得[7]，声名颇著，或云彼敢为藐视虚浮而已。我当作事，望后代言我如此。盖我以事为小，而他人算以为大也。[8]（作是书者，譬如亚力山得，见二十一条）

九十八　论及见识博物之基，或全未置之，或已置

---

[1]即当终成格学而不当始生之，英文原文为which ought only to terminate natural philosophy, and not to generate or create it（数理只能作为自然哲学的终点，而不是生发或创造自然哲学的起点）。

[2]恃已，依赖、凭仗自己。

[3]集成无化、杂乱之形，英文原文为an undigested heap and collection（未经消化整理的一堆收集物）。

[4]信，英文原文为faith（信仰）。

[5]偶，英文原文为accident（偶然）。

[6]系，英文原文为apply ... to...（投身于）。

[7]亚力山得，即Alexander（前356—前323），今通译为亚历山大，世界历史上著名的军事家和政治家，征服希腊、埃及，灭亡波斯帝国，建立了亚历山大帝国。

[8]盖我以事为小……以为大也，英文原文为：we have done no great matter, but only esteemed those as little things which were accounted great ones.（我们没有做出伟大的事，只不过把被认为伟大的事认为较小一些而已。）

之，甚弱也。未有料作[1]聚集，以训慧心，合宜终意。反之，有士人随意怠惰，惟听人之所言所行与众人之闲谈，要建造其学。此若有国自治，不遵其官长、士人，惟徇乡民之闲言。天地之中，未有见识者细为查察、见证、度量，但凡有渺茫未定之事，其用必有假冒刁滑之式。若有人想此事甚奇，不足证也，因有诸士著草木等书[2]，其中有明道实事。此人真不会我意也。有本草所作，惟为己名，此一事也；又有本草所作，要训我慧而兴格学，即为他事也。此二本草有异，其一明指物体之式，而不指工艺之试行。[3]有人性气，待彼心搅乱之时，可知其真实，故天地之秘妙，由工艺搅动，试行者即宁明白，不随其意而行之。[4]为此，格学更有企望，及时本草即其根基，更有料作予之，前时不能也。（见识之基，未曾有之）

---

[1]料作，上海方言，指各种材料，如布料、木料等。

[2]因有诸士著草本等书，英文原文指亚里士多德及后来者的博物类书籍。

[3]此二本草有异……工艺之试行，英文原文为：And these two histories, as they differ in other respects, so principally in this, that the former contains various descriptions of natural bodies, but not experiments of mechanic arts.（这两种自然史有许多不同，特别是在这点上，即前者包含了自然物体的各种描述，但不包含机械性工艺的实验。）培根将自然史分为两类：为作自然史而作的自然史，以及为理解力提供信息以期建立哲学的自然史。培根提出要编制后者。本草，即自然史著作。

[4]有人性气……不随其意而行之，英文原文为：For as, in civil life, the temper of a man, and the secret dispositions of his mind and affections, are better understood, when he is ruffled, than otherwise；so the secrets of nature are better got out by the torturing of arts, than when suffered to take their own course.（因为正如在市民生活中，一个人的脾气以及思想和感情有隐蔽倾向，他被激怒时别人更容易了解他。同样，自然的秘密在它被工艺扰动时，比自流状态下更加容易暴露出来。）

九十九　凡工艺试行之中，所训慧者即大不足也。[1]作工艺者，不系查察真理，惟用其心而伸其手，独作其工而已。但我可望诸学振兴，当有诸试行纳于本草之中，因其试行独自无用，而只引查诸因以及公论。此试行者，名曰发光试行，以别获利试行[2]。其发光试行，有奇用，即永不迷我企望也。因用不要作工，惟显物中本有之因也；随意行来，恒成其故而释其难[3]。（试行训慧者少也）

一百　观以上之事可知矣，必当寻究试行较前更多，其式、其次、其法皆异，当引以增我见识。因我见识若渺茫无定，惟觅己意，即如摸索于幽暗之中，宁成奇异而不训人也。[4]设我所觉，徇行定理[5]，次序相连，即可企望诸学则更佳矣。（要次序论行更佳者，见公论八十二条）

一百一　当有料作聚集以成试行之格学，足训慧心。究其慧心不能以此料作，自然赖其记忆、行动，若人不能

---

[1]凡工艺试行之中……大不足也，英文原文为：Again, in the very stock of mechanical experiments, there is a great want of such as principally conduce to the information of the understanding.（再说，在大量的机械性实验中，能大大助益理解力的信息仍非常缺乏。）

[2]发光试行、获利试行，英文原文分别为experiments of light（导向自然之光的实验）、experiments of profit（导向效益的实验）。

[3]因用不要作工……释其难，英文原文为：For since they are applied, not for the purpose of producing any particular effect, but only of discovering the natural cause of some effect, they answer the end equally well whichever way they turn out; for they settle the question.（这是因为，既然人们应用它们时不是为了取得特定的效用，而只是为某种结果发现它的自然原因，那么无论结局如何，它们都同样符合人们的目的；因为它们解决了问题。）

[4]惟觅己意……不训人也，英文原文为：for vague experience, that pursues nothing but itself, is, as was before observed, a mere groping about in the dark, and rather amazes mankind, than informs them.（因为正如前面所观察的，单纯追求自身的模糊经验，只是一种黑暗中的摸索，足以使人惊讶而不足以向人提供知识。）

[5]徇，依从；定理，英文原文为certain law（一定的法则）。

作历本然也。[1]但制造诸物之中，向有人用其心思多于著书，至今见识亦未尝学耳。凡有制造之事，不笔诸书册，则不足恃。当此法成之，使我见识为文学[2]事，岂不更有佳望哉！（制造之事，当笔于书）

一百二　且万物多，散而杂乱，使祇[3]搅我心。若我慧心略行，则无益也，总须凝其意而细玩之，并依合宜之书册[4]而考究之，其心亦当预备以纳之。（所传料作当录于书册）

一百三　当有诸物，列次置前，不可猝然归询于新事[5]；若欲归询之，不当恒久留意于此。假使诸艺试行萃集[6]于一人之思议，更有省察者以作便益，从此艺试行与彼艺试行相贯，乃以智慧见识而成之，惟此稍有望耳[7]。至其大望者，乃从公论之新光，由诸物中循序而推，其公论又可指引新物也。盖我引之路非由平地，乃经山谷，先升至公论，后降至行工。（公论由试行而成之）

---

[1]究其慧心……若人不能作历本然也，意指如果仅靠人的记忆等，人的理解力不可能对付这些材料，就像一个人不能指望用记忆来掌握天文历书一样。

[2]文学，英文原文为writing（写作、记述）。

[3]祇，大。

[4]书册，英文原文为tables of discovery（发现表）。

[5]归询于新事，英文原文为pass on to the enquiry and discovery of new particulars or works（过渡到对新特殊事物或事功的探索与发现）。

[6]萃集，聚集、汇集。

[7]假使诸艺试行……惟此稍有望耳，英文原文为：We deny not, that after all the experiments of every art shall be collected, digested, and brought to the knowledge and judgment of a single person, many new discoveries may be made, for the use and advantage of life, through the translation of the experiments of one art into another, by means of what we call learned experience；yet less hope is to be conceived hereof.（我们不否认，将所有技艺的实验收集起来，整理过后，并进入一个人的知识和判断之后，借着我们称为博学的经验，通过将一门技艺的实验移用到另一门技艺中，就会发现很多对生活有用和便利的新事物，但对此只能寄予较少的希望。）

一百四　慧心不可从物件骤越至综赅公论[1]，即为诸艺诸物之义理也。设诸学渐如踏步，从物件中升至下等公论，后至中等，再上者即终至综赅之公论也。盖其至下之公论，与单觉之事[2]无大分别；至高至综之公论，依今所视，亦无实在之质[3]；但其中等公论是真，是活，是固，人事俱归其间，其上有最综之公论，必以中等限之。故慧心毋需篷帆，必需石脚，可不使摇荡反侧也。向无此所慕之事，俟[4]有之，则格学更有望矣。（慧心必当坚立）

一百五　要设立公论，必当推上新法可以成之，不独欲察证义理[5]，亦要指明诸等公论。若推上之法，第依诸物之数核之，浅而不真也。但有推法，足用查察证据，诸艺格学必当簸扬[6]万物，依理而去其非、存其是也。此法向无人试为之。故当有诸物推上，勤劳至终。[7]盖依此推法，即可振兴格学，则有大望矣。（推法必当作新）

一百六　依此推法以成公论，必当细览此公论或只合其所出多少之物，或更为广大而超乎其外。若为广大，必当视其指于新物，即向未知，或惟作虚影猜疑之像而

[1]综赅公论，英文原文为the most general kind of Axioms（最高普遍性的公理）。

[2]单觉之事，英文原文为bare experience（单纯的经验）。

[3]无实在之质，英文原文为only notional, theoretical, and of no solidity（只是概念的、理论的，和不具坚实性的）。

[4]俟，等待。

[5]义理，英文原文为principles（法则、律则）

[6]簸扬，扬去谷物中的糠粃杂物，此处指去伪存真。

[7]但有推法……勤劳至终，英文原文为：But for the just and regular forming of this induction, or demonstration, numerous particulars are required, which have been hitherto thought of by no mortal, so that greater pains must be bestowed upon it, than has been bestowed upon syllogisms.（但是获得正确而有规则的归纳法或论证，需要有许许多多迄今没人想到过的事物，因此必须付出比三段论更多的辛劳。）

〈未〉诚实定于物中。[1]当此法成功之，则更有厚望矣。（依此法而成公论，必当谨慎）

一百七　以上所论广开格物之理[2]，又以诸学归于其理，必当重言，不使格学分涣[3]。若不然，其学振兴无大望也。其上所言，要阻绝望而生企慕[4]，以离前之诸谬也。（物理必行至于格学，而格学当归于物理也）

一百八　既有诸便用之物，或偶然而值[5]之，无有顾而询者。若人欲观于外，留意有次序之法，非今日为之，而明日不为也，故必有诸事更多相值。虽是偶然值物，即从前勤查不得，惟大概，不然，但依人之理性与其殷勤，及其指向起意，必值诸物更多、更妙，而为时甚速，比偶然与禽兽本性所值。即时为查出，始指示也。（若勤询之，则所望值物多矣。看上公论七十四至八十五条）

一百九　有事查出，向无人所思也。若有人前猜思

---

[1]若为广大……诚实定于物中，英文原文为：If it be more extensive, regard must be had whether it confirms its own extensiveness, by promising well, that is, by designing or pointing out new particulars, lest otherwise we should either stick in things already known, or else, with a weak endeavour, catch at shadows and abstract forms, and not grasp such things as are solid, and fixed in matter.（如果它更广泛，必须考虑它是否能够通过设计或指出新的特殊事物作为很好的担保，来证实自己的广泛性。这样，我们才不至于坚执于已知的事物，也不至于只是松懈地抓住影子和抽象的形式，而没有抓住坚实的、固定在物质上的那些事物。）

[2]格物之理，指自然哲学，英文原文为natural philosophy。

[3]分涣，分离、涣散。

[4]企慕，英文原文为hope（希望）。

[5]值，碰到、遇上。

之，即俾人轻为而谓不能也。[1]依旧法猜议新事，凡悉遵旧法而为之，此法大谬；因有诸事所出之源，不依平常之路。（有诸事查出，先无望也。见二十四条）譬如大炮，查出之前，若有人由其功效而提之，而细考讲论其攻战事，或如重学之器具，或如火轮之工夫，虽在天地之中有雷响地震等事当作其法，但人必先谓不能为也。若人先云有蚕丝作衣，比木棉、羽毛、兽皮等更佳，必有人窃笑也；或人先云，有器名曰指南针，可指东西南北也，于我觉着其诸用，必有人〈谓〉不能为也。由此可望于万物之中有诸物便用，不似已查之事，而超于其外，向未查出，而经历代之后必定查成，如以上之事同然。我今所提之法，此可更速（而便）望也。（有炮、绸、指南针等，皆成企望，以振格学）

一百十　更有别[2]制造之事，若是查出最美。虽在足前，人不视之，譬若火药、湖丝[3]、指南针、糖、纸等物，其制造似依物性与天地功用。究有印书[4]，即无不明之事。[5]惟此事溯前数千年，人所不知，而今亦有不知者。

---

[1]有事查出……谓不能也，英文原文为：It may likewise be an argument of farther hope, that some of the things already discovered are such as, before their discovery, did not enter into men's minds even to suspect, so that any one would have despised them as impossibilities.（这可能也是更大希望的论据：有些已知的发明在其被发明之前，很能难进入人的头脑，甚至是被猜想到，以至任何人都认为它们不可能而轻视。）

[2]别，另外的。

[3]湖丝，指浙江省湖州市出产的蚕丝，色白、柔韧，质地极佳，行销海内外。清代魏源《海国图志·筹海篇四》："中国以茶叶、湖丝驭外夷，而外夷以鸦片耗中国，此皆自古所未有，而本朝有之。"

[4]印书，英文原文为the art of printing（印刷工艺）。

[5]无不明之事，英文原文为contains nothing that is not open（没有什么不公开的）。

（印书是明白之事，究久不知也）历考制造之事，人心恒时违背，如孩提状，先有不信，后自藐也。初揆[1]此事不可查出，迨至后日可察也。复思之，未有不值者。为此，可望有诸制造后要查出。不独从未知之工，即未查出，亦从已经查出，贯通合和[2]，即明见识之法。（制造之事，人心或有逆行）

一百十一　若思人之才情（及久）时与保财，共成无量之价，用关[3]诸物与文学，究无便益，由此更可企望振兴格学。若此事中只一分用于便益之事，可胜诸难也。[4]譬如君王助银，以集成格物院事。[5]依我所言，凡士商亦助，即获大益也。（在格致历时助财，向所用者甚缺也）

一百十二　虽当考之物甚多，人不可惧，而更有望也。譬如工艺诸事与天地万物，皆如束捆，较于有才者所制造之物，即分离物据之时。[6]其前所引，未几[7]尽在平

---

[1]揆，揣测、估量。

[2]合和，匹配、比较之意。

[3]关，应为于。

[4]若思人之才情……可胜诸难也，英文原文为：As a farther ground of expectation, men may please to consider the infinite expence of genius, time and treasure, that has been be stowed upon things and studies of very little use and value, whilst if but a part thereof were employed upon sound and serviceable matters, every difficulty might be conquered.（人们请去想想耗费在效用极小、价值极低的事物上的无限理解力、时间和财富吧，如果其中的一部分被用在健全和有用的事物上，每一个困难都可能被克服。这是希望的更进一步根据。）

[5]譬如君王……物院事，此句为英文原文所无。

[6]譬如工艺诸事……分离物据之时，英文原文为：For the particular phenomena of arts and nature are all of them like sheaves, in comparison of the inventions of genius, when disjoined and metaphysically separated from the evidence of things.（因为人文和自然界的特殊现象多如麦捆，可与脱离或形而上地离开事物根据时的天才发明相比较。）培根意在嘲讽人们脱离事物根据时所得出的臆想，比人文和自然界真正需要研究的内容更多。

[7]未几，不久。

地；其后无歇，是无限委曲之路。[1]因人向住在见识之事不久时，而轻易过去，反久住于索思与人才所制造者。究竟若有人在身旁，能实获我所问天地之事，则其查出诸因与格物之学，即只数年之工。（见识之工稍行也）

一百十三　我思人视我所作之式，可生企望也。乃我所作，非欲显名，只为有用而已。我专理国政颇烦，肢体亦不爽快[2]，究我领人为首，亦无人辅助；今进正路，向无人走也；定心在诸物之中，即稍为振兴。其本意为此，人不可失望也。譬如有人闲暇，互相用功，历时遗下[3]，依我提法而行，乃不独几人可行，而众人皆可助之。凡所作者，可合而成大道也。如此，人可始知其力。不要众人作同然之工[4]，反欲分开，或有作此，或有作彼也。（作书者，其式提之，见九十五条）

一百十四　虽我新提之法，稍有企望，究必要试行之工，不然全失望也。若人欲辞试行，而后不成，即[5]无大危也。[6]因若试行可望大益，若不成己意，则失工少也。总而言之，放胆者足有望以作此事，智慧廉节[7]者可信其工能作也。（试行之事，必定欲作）

---

[1]其前所引……委曲之路，英文原文为：The former road soon ends in an open plain, whilst the other has no issue, but proves an infinite labyrinth.（前一条路很快就在一片开阔的平原上结束，而另一条路则没有议题，但实为无尽的曲径。）

[2]培根当时抱恙，健康状况不好。

[3]历时遗下，英文原文为successions of ages（代代相承）。

[4]指不要很多人做相同的事。

[5]即，应为亦。

[6]若人欲辞试行……无大危也，培根意在区分不成功的损失与不尝试的损失，提出不尝试是抛弃了取得巨大利益的机会，而不成功也没有大危险，只是损失小小一点劳力。

[7]智慧廉节，英文原文为sober-minded and wise（头脑清醒和有智慧的）。

一百十五　以上所言，特除绝望，即格学难兴之大故也。盖我所言，论及诸谬之因之迹，与人甚为怠惰不动之性，事今尽矣。论人心微妙之故，俗念不致，当归于心中之伪像，上已言之。[1]（重言之事）所论振兴格学，撤去旧道，在此亦毕矣。其撤去之事，共有三辨倒之法：一，辨倒理性独留于己之时[2]；二，辨倒推定之法；三，辨倒众人共存之道。（所用辨倒三法，见三十五条）今时当述我阐天地之典型，惟尚有事在路，所阻者必当去之。以上初行时，我按数端公论，预备人心，可知接收后来之事。此如镜揩去尘埃，置于便座，可返照外物。盖凡新事，若有疑惑怀于心中，或有假念与伪望，论其后来之事，足为大害。为此，我必当以所设之物树立真念，虽其念惟暂时而有用，待至此物甚明也。[3]（人心必先得，知后段之书）

[1]论人心微妙之故……上已言之，英文原文为：for as to the more subtile causes, which come not under popular judgment or observation, they should be referred to what we have said above concerning the Idols of the Mind（至于那些不是来自于通俗判断或观察的更微妙的原因，需要归结到前文我们所说的人心假象上）。

[2]指驳斥任由人类天然理性自流。

[3]为此，我必当……此物甚明也，英文原文为：I will endeavour therefore to impart sound and true opinions as to the things I propose, although they are to serve only for the time, and by way of interest (so to speak), till the thing itself , which is the principal, be fully known.（因此，我将努力就我提出的事情给出合理和正确的看法，尽管它们只是暂时的，姑且说像支取利息暂时使用，至于像本金那样的事情本身，最后也会全见分晓。）

第七卷　天地阐义新法之意

一百十六　人不要猜思我意即开立新教[1]，如古今所有；盖我万无此义。夫人怀格物诸理，或由旧时所发，或有[2]今时所生，而非切要，亦不大关人利；譬有诸意，虽不同，究能解天象之事，足矣。有事只恃人之意见，而我不萦怀；反我欲加增人权富足，根基益固，而交界益广。虽我思自察之事，较向时更觉便宜[3]诚实，但不欲创一等总意[4]，因时未至。即阐天地之正法，迨后我欲作。（此事）惟今不可夸张，宜乎谦慎，庶可正便用，只撤[5]真理之嘉种[6]，为后世之获益，即足助大事之始基矣。（所作者不思开立新教，亦不顾人之意见）

一百十七　既我不思新教肇基，亦不允[7]作奇工，或云我恒言行工诸事，咸归其中，故当发出其工之预兆[8]。但我意非由诸工复发诸工，亦非由试行复出试行，惟如真阐

[1]新教，英文原文为a new sect in philosophy（哲学的新派别）。

[2]有，应为由。

[3]便宜，方便合适。

[4]一等总意，英文原文为entire or universal theory（整套的或普遍的学说）。

[5]撤，应为撒。

[6]嘉种，优良的谷种。

[7]允，答应、许可。

[8]预兆，指认真做出一些事功来。

天地者，由诸工与试行发出其诸因公论，乃复由此因与公论，复发新工与新试行。虽我历考诸书，所论格物穷理，惟我视其所有诸料与其证据，皆不足以成阐天地之真义。设有人思制奇工，有才试行以察其工，彼可随意为之。但我意比此更大，今欲重责凡粗率而不便、阻挠之事。盖我非若小孩似得金果[1]，惟专望工艺操作得胜天地之本然；非欲敛草为麦、收苗为谷，惟迨耐[2]秋成之时皆熟矣。（不允奇工）

一百十八　或阅我书，窃思所试行之事，其中有不足为证，又为虚诬，即疑我基置于妄诞。但此疑无甚要耳。凡事初起，必有失误，似人著书偶有一字之谬，即以意揣之，易于改正。夫人在格物中，或有试行，误信而纳之，后查诸因公论，即要涂抹而弃之。若是我依格物细加考察，则仍有谬，况习俗之格物，则其差谬何如？盖虽我事稍谬，而人奚必畏哉！（格物中以误事为实）

一百十九　在我著述试行之中，事有诸端，始见其式，或似玩耽习俗[3]，或似污秽[4]无理，或似太微[5]猜议而无用，俾人轻而忽之、亵而弃之，奚足考究哉！惟我著述所论习俗之式，必当思格物之内，从恒有之事[6]可查偶值之事；若不考察其前，焉能查察其后！（习俗恒有之事）

---

[1]金果，金苹果。金苹果的故事，请参第三卷“古女之喻言”注释，见正文第40页。

[2]耐，挨到、延至。

[3]玩耽，潜心玩味。玩耽习俗，英文原文为many things which are trivial and commonly known（琐屑的、普遍知道的事物）。

[4]污秽，卑污、卑下、卑贱。如《后汉书·皇甫规传》：“臣虽污秽，廉洁无闻，今见覆没，耻痛实深。”

[5]太微，过于隐微。英文原文为too subtle。

[6]恒有之事，英文原文为familiar and frequent occurrence（熟知习见的事）。

一百二十　论其无礼之事，当纳于格物学中，如至有理者。然依此格物，并非被污，如日照夫峻宇[1]与陋室相同，亦不被污。今我所著之书，非所以荣人也，如大启尔宇[2]，以效世界之式，益广人智，故我所为当成其意。凡物若堪[3]有者，必堪得知：盖其所知，即是其所有之像也。[4]而且卑贱之物，或变作尊贵之物也。（无礼、卑贱之物）

一百二十一　论其无用、太微之事，必当明言之矣。前言我初寻绎试行，是欲发光[5]，非欲获益，以效造化主开辟天地之时，首日造光而已。若第云太微之事无用，即如日光亦属无用然，因是无形可执之质矣。夫知物性，精明探索，如光然，照诸工于幽暗之地，虽独在似无大用，尚可包含而牵引诸工，连至要公论之源于其后。如西国字母一一甚微，惟其言语讲论始之本质[6]；又如物之种，虽有巨力，其用之不善，亦属无益；又如光射四散，而不涵萃[7]于一处，亦不成其益。倘人厌夫诸太微追念之事[8]，况中国性理格学之士[9]，其所考究果何如者？彼即虚而无基也，如趋虚空之形，而无实迹然。或论其前，或论其后，皆不足

[1]峻宇，高大的屋宇。

[2]大启尔宇，出自《诗经·鲁颂·閟宫》“大启尔宇，为周室辅”，意为大力开拓疆土。

[3]堪，能够。

[4]凡物若堪有者……之像也，英文原文为：For whatever deserves to exist deserves also to be known, for knowledge is the image of existence.（凡值得存在的东西也就值得知道，因为知识是存在的表象。）

[5]发光，英文原文为seeking for experiments of light（追寻光的实验）。参见九十九条。

[6]如西国字母……之本质，意谓各个字母就自身来看，没有什么意义和作用，却是西方人作文、讲话的基础。质，疑衍。

[7]涵，水泽众多；萃，聚集。涵萃，大量聚集。

[8]太微追念之事，英文原文为speculative subtleties（思考的精微）。

[9]中国性理格学之士，英文原文为schoolman（经院学者）。

证，而亦无益。我意则大不同。夫所言纤微之事，即考见识而成公论，即为便捷而且有益焉。总而言之，有人轻忽格物之事，因视其基习俗卑贱、微妙而无用。当忆贫女见暴君麾其禀稿[1]，即为卑微甚矣，且与之曰：“故尔当让位也。”[2]盖人不潜心格物，意谓太微戏玩，岂不[3]能操权于天地物中哉？

一百二十二　若我尽弃一切格学与始作者，不准一古士左右辅助，只恃己之能力，恐人视之若奇，又若恶。（充[4]凡古士与诸格学之难，见二十八条）若我作事伪假，则所作者归于古所作，则甚易也。[5]由是，我所新制者更有权柄尊贵，如有人新授品爵，自谓古时所传者而成之。但我独恃真实之事而去一切诡谲，又不以今所查之事被古士或知、或不知为要者。因所查之事，由天地之光而推出，非由古时之暗而推出也。（弃古士之难回覆）或者责我尽弃一切格学与凡所操权者，但如此做法比仅弃一分更有理焉。若差谬之根基不在人初思之念，即有事勤查，可正他事；但因差谬在根，亦使人宁弃诸物而不成伪议于彼也。故此，人未得所未望者、未接所未提者，抑且未至极，即未曾进其路，则奚足奇异哉！（弃学与操权者之难回覆）论其厌恶之事，如人仅恃固手明目，画一直线或作

[1]麾，同“挥”，挥动。禀稿，向上级报告的文稿。

[2]培根原文的故事为：有一个贫女要向一位高贵的王子请愿，而王子以她的请求没有价值且冒犯了他的尊严为由拒绝。贫妇就对王子说：“那你就别当国王好了。”

[3]不，疑衍。

[4]充，应为弃。

[5]若我作事伪假……则甚易也，意为如果我不诚实而想作假，我很容易找到古代的权威说法作为我提议的依据。

圆圈，较他人愈[1]之，只惟援此比彼而已。但若人云，用规矩绳墨以作直线、圆圈，则可胜人只用手目者，此亦无甚夸张耳。盖此事不独与我今时所试之事合宜，亦系人在我后要试正学。因我所探格学之法，几几乎与各人之才平量，更有才者，鲜[2]大用耳，因其法乃由定规、决断[3]而成也。故我尝言：己所查出乃为侥幸之事，非为人之伟才也；更为历时之事，非为人之睿智也。[4]夫人心思或有偶然，如人所作工与行事者同然。（厌恶之难回覆）

一百二十三　前言戏之耳，而我可自述之，即言人惟饮水之味，其意不与饮酒者相同。[5]凡古今人囿于格学之中，如饮浊水然，其学似水，或由慧心流出，或由辨论，从井汲之。但我所饮，亦予人者，即摘熟葡萄而成之，不特甚洁，抑且其味甘美。故我意有异于人，奚足奇哉！（著书与他人不同之故）

一百二十四　有人或言我未提格学至真至善之末，即我所责于他人也。因探索真理更为尊贵奥妙，比足用之工更大也。若我恒久潜心于有形之物及见识之事，乃我所举荐者，仍定我心于地，陷溺于扰乱摇撼之渊，使彼逐离

---

[1]愈，胜过。

[2]鲜，少。培根认为他提出的方法有可靠的规则和论证，不需要依赖个人的天资。

[3]定规、决断，英文原文为surest rules and demonstrations（最可靠的规则和论证）。

[4]故我尝言……睿智也，培根认为他所作出的贡献，与其归于个人的能力，毋宁归于幸运；与其说是智慧的产物，毋宁说是时间的产物。

[5]前言戏之耳……饮酒者相同，英文原文为：I may say then of myself that which one said in jest (since it marks the distinction so truly), "It cannot be that we should think alike, when one drinks water and the other drinks wine."（话说回来，我可以引用一句玩笑话来说明我自己，因为它异常真确地标明了我与别人之间的区别，那就是：“如果一个人喝水，另一个人喝酒，那么我们的想法不会相同。”）

无形之智与安靖[1]之处。[2]（或今所作者牵人离去探索真理之难）此辨，我识得有力；彼所提者，我亦欲试行之。第世界之真模，我思要置于人慧之中，非徇人理心所成也。但欲若此，必先谨慎细思，剖其世界。但凡格学中所造伪世，乃由人虚悬拟议而生，即我今尽弃之。故必当慎思分明，人心之伪像与上帝之意见迥然不同。彼伪像乃人随便所思者，此意见乃造化主之号，即于所造之物以真实之线而成也。夫真理与宜用，乃在此最需之事；凡所作之工更当宝贵，宁为真理之质，而不为人生所用也。（其上之难回覆，见一百二十九条）

一百二十五　或有人辨难云，我所作与古人同然，只恐争力用功之后，仍归于古时格学之式；因古人始焉探索，亦集事事物物笔之于书，即成其学其艺，如此，言其所查出，而稍加证据以助教训者也。（或云古学与今时所作者仿佛）古士所作与我相同，可易信耳。但若我不忘以上所传，此辨难即易去也。古士实有访问查出之法，彼所作之书即能显著。但此法即从诸事，依俗人之意念辅之，而速归于至总之理；由此，彼抽出下等议论，而从其料[3]，

[1]安靖，安定平静。

[2]若我恒久……安靖之处，此句为培根自设的对他的一种非难。英文原文为：whilst the long and solicitous dwelling in matter, experience, and the uncertainty of particulars, which we recommend, fixes the mind to earth, or rather sinks it into an abyss of confusion and perturbation, at the same time driving and keeping it aloof from the serenity and tranquillity of a much diviner state, that of abstract wisdom.（如果按我们建议的那样，当长久急切地沉溺在有形的物质及经验上，心灵将被固着于地面上，甚或相当于将它沉入一个混乱和不安的深渊之中，同时驱使它远离宁静与安定的非常神圣状态，亦即抽象智慧所具有的状态。）据此，译介“乃我所举荐者”的“我”指培根，其余两个“我”指非难者。

[3]料，料想。

即建工艺也。终言，彼所[1]列传、格学试行，皆不合当然，而其法归于至总之理，乃格学之大疵也。（其上辨难回覆）

一百二十六　或云，我既不准人自由明言[2]，而置实理为基，待我循序渐归于至总之理；如此，我暂悬议[3]，引人归于不信之境[4]。但我所提之意不是万有之疑，惟宜理之疑；因我不减见识之用，反要增辅之，非轻慧心，特要修正也耳。宁可知所需之事，究不思一已全知，而不要思一已全知，究不知所（需之）事也[5]。（引人不信之辨难回覆）

一百二十七　或有人问我曰：或独要全格物之学，或亦要全辨论、性理、政事等。对曰：我今所传示，系乎万有之理也。夫所习之辨论，不独系格致诸学，亦系乎万有之理。故我新辨论之道，即以推出之法所行而涵[6]万事也。（我今所著之意，系乎万有之理）

一百二十八　今时所用之理之艺之学，我非欲尽毁也，反要用之而自喜尊重[7]。此乃在世交往之事皆可便用，

---

[1]所，后疑缺“著”。

[2]培根之意是在未通过中间阶梯而探寻到最高普遍性原理前，不能将任何原则作为已确定的来宣布或制定。

[3]悬议，英文原文为suspension of the judgment（悬搁判断）。

[4]不信之境，英文原文为a state of scepticism（怀疑论的状态）。

[5]宁可知所需之事……事也,英文原文为：And it is better to know so much as is necessary, and yet not think ourselves to know all, than to think that we know all, and yet remain ignorant of that which is necessary.（与其认为我们知道一切，却对必要的一无所知，不如知道所须知的，而不认为我们知晓一切。）

[6]涵，包括。

[7]反要用之而自喜尊重，英文原文为：on the contrary, we embrace their use, and willingly pay them all due honour and observance（相反，我们欣然接受它们的使用，并愿意给予它们应得的荣誉和相应的执行）。

若国宝[1]之流通也。今我所示之事，不徇其意，因在作工以外，不能低首下心堪合[2]俗人之才也。惟我言明依今用之法，其探索性理之学，不能大为振兴，亦不能用以广开作工也。（我意非欲毁今有之艺学）

一百二十九　总言我所提至善之末，前未曾言。惟今企望振兴，格学之基已置之，而不正之疑亦已避去，今可略言便矣。（所提之末至美）一，新制贵重之物[3]，即人行为之中为最美，而古士所思者亦有此议。盖新制之人，封彼为神，意谓所作普行天下，俾人有益而无损害焉。（尊新制者）二，设思新制之事，如新造者同然，则效上帝所作之工也。圣书曰：包涵万理，上帝之奥无穷；省察百事，王公之荣丕[4]著。[5]三，试思人生于礼仪之国，比生于生番之城，迥然不同，而其情形亦异。此非为天时、地利、人身之不同也，特游艺[6]之不同耳。四，新制之物，其能力，其功效，其结果，全是紧要，古士所不识。[7]故今之礼仪与古之礼仪，则大有异。（新制功效）五，人希谋[8]有几等：或愿在本国，私加大权，此乃最卑微之事；或愿广

[1]国宝，国家的通宝，即通用钱币。英文原文为current coin。

[2]堪合，迎合。

[3]新制贵重之物，英文原文为the introduction of famous discoveries（引进著名的发现）。

[4]丕，大、宏大。

[5]包涵万理……王公之荣丕著，出自《圣经·旧约·箴言》第25章第2节，和合本修订版为：“隐藏事情是上帝的荣耀；查明事情乃君主的荣耀。”

[6]游艺，出自《论语·述而》“游于艺”，泛指学艺的修养。

[7]新制之物……古士所不识，培根原文不是泛说古士不认识发现的重要性，而是特指古人不知道的印刷、火药、磁石这三大发明对世界的作用。中译略去了这部分内容。

[8]希谋，希望、谋求。英文原文为ambition（野心）。

本国权力，胜于他国，此比前稍愈也；或要争力复广万民之权，执掌万物，此更有诚实威严之故。惟人执掌万物，其权俱在学艺之基。盖人操权在天地中，必依其律，而无他法也。（希谋三等）六，若新制一事足以感动众人，俾赐益于天下，况能查出一事，即能易查万事，其事不亦贵重乎？我侪蒙得光之益，由是而能读书，由是而能行路，且能游于艺，彼此相识。但所见之光，实属更美之事，较其所用者；乃我探索万物，依其实形，无刁滑、诡谲、扰乱、附鬼神等疵，即比新制诸益更贵也。（今所著书之益，见一百二十四）七，或云其艺其学，似恐要变其用而归于恶。此辨论无力，因为世间最佳之事，如大才、放胆、权力、美丽、富有、光射等，虽善而亦可变坏也。只要人复收其权，执掌万物，乃上帝本所赐之；只要人汇集诸料，则其理性就正及诚实，圣教要嘱其用焉[1]。（艺学用坏辨难回覆）

一百三十　今当挈领[2]天地阐义之法，虽我曾指美善之格言，但非言其法是万备完全，无则无能也。我意若人有天地功用，与博物见识、真实之列传而精熟其道，更有自专二段：一，当弃〈所〉收之意念[3]；二，暂时俟其会意而不成总理[4]。即可依其心中本然之力，亦无他法，偶值我侪

[1]则其理性……嘱其用焉，英文原文为the exercise thereof will be governed by sound reason and true religion（如何运用科学，可交由健全的理性和真正的宗教来管理）。

[2]挈领，原指提起衣领，后多比喻抓住要点。此处意为简要述及。

[3]当弃〈所〉收之意念，英文原文为to lay aside received opinions and notions（把公认的意见和概念撇在一边）。

[4]暂时俟其会意而不成总理，英文原文为：to refrain the mind for a time from the highest generalisations, and those next to them（暂时克制自己不要去思考最高普遍性以及仅差一级的次高普遍性）。

阐义之法；[1]因其全是心中实在之工，适凡事所阻之时，尽弃之，惟依我所传示之公论、规条，即更可便用，而加收大力也。（阐义天地之法在我心中无生疏）我亦不言，以上所书之公论、规条，不能加增。反之，于我心，非因其独在而已，惟因其明备而与物相连，故当明言为基，乃新制之法与新制之事并可长大也。（新制之法与新制之事可并加也）

《格致新机》终

[1]即可依……阐义之法，英文原文为：they would be able by the native and genuine force of the mind, without any other art, to fall into my form of interpretation.（他们就能不借助任何技艺，而凭借心灵天然而纯真的力量走入我这种解释自然的方式中。）

格致新法

（《格致汇编》版）

《格致新法》有两个版本，其中之一连载于傅兰雅主编的《格致汇编》1877年第二、三、七、八、九卷，署名为“慕维廉”。以下据《格致汇编：李俨藏本》（南京：凤凰出版社，2016年）所载整理。除了特别注明之外，分段及标点均为整理时添加。

经比对，《格致新法》的底本为英国John Hoppus（1789—1875）的第一本哲学著作*An Account of Lord Bacon's Novum Organon Scientiarum; Or, New Method of Studying the Sciences*，是此书第一部分。注中的“Hoppus原文”即指此书，不再赘注。此书于1827年在英国伦敦出版，是英国实用知识传播会（The Society for the Diffusion of Useful Knowledge）出版的《实用知识丛书》（*Library of Useful Knowledge*）之一。

原文刊发时，部分通行的段落形式或用“〇”作分隔，或直接另起，整理校注时改为段；部分未分段，整理时将加注说明，校注者根据文意及“Hoppus原文”划分段落。原文缺字用“〈〉”增补。

目　录

《格致新法》总论 / 86
续《格致新法》/ 95
弁言　第一卷 / 96
心中意像或名诸疑大源　第二段 / 101
伪学数等　〈第〉三段 / 105
伪学形迹　〈第〉四段 / 108
格学差谬诸因　〈第〉五段 / 111
格学振兴希望之基　〈第〉六段 / 118
推论新法略言　〈第〉七段 / 124

《格致新法》总论[1]

粤稽[2]明朝万历[3]前后，有英士名倍根[4]者，官至吏部尚书[5]，始立格学正法[6]以教人，指明其路，初求达道，以至真理。彼设规条，免人役[7]于古士之名而旋绕于猜度之中，复如婴式[8]，归于考究天地之学塾；不思开一新党[9]，只显前人差谬，曰如何可避，似旧房拆造，预备新建，又如群兵或造桥，或筑路，或克[10]其阻挠。倍根通其道，使后人步武[11]之，即操权于天地间也。总言倍根探索天地至深之秘，解说造化主所赋之理而印于万物之中。

---

[1]此总论译自Hoppus导读的前言部分。又，本部分原文不分段。

[2]粤，助词；稽，查考。粤稽，查考、考证。

[3]万历，为明神宗朱翊钧（1573—1620）年号，从1573年到1620年，计48年。

[4]倍根，即英国弗朗西斯·培根（Francis Bacon，1561—1626）。

[5]吏部尚书，是中国传统王朝中掌管全国官吏的任免、考课、升降、调动、封勋等事务的最高长官，类似于现在国家的人事组织部长。培根的最高官职为1618年起担任英国大法官，不同于传统吏部尚书的职能。译介在“格学振兴有希望之基六段”中，改称为刑部尚书，更加恰当。又，从开篇至此，为Hoppus原文所无。

[6]始立格学正法，所指为培根1620年出版的《伟大的复兴》中的第二部分《新工具》。

[7]役，拘役、拘束。

[8]婴式，婴孩的样子。Hoppus原文为as little children。

[9]新党，新的党派。Hoppus原文为being the author of a new sect（新哲学派别的创造者）。

[10]克，克服、消除。

[11]步武，跟着前人的脚步走，比喻模仿、效法。

我今所作，即解《格致新法》。是书颇著名焉，于此载明西士所探穷格物之理，便用多年矣。先论倍根之时天下格学如何模范，由此可知其睿智聪明大矣哉！若黑暗中忽然开朗，似晓星然，散开蒙昧，普照光明。古昔诸艺有几等最美，比今更胜，即如作诗、建造、镌[1]像等。今人观此大为奇异而思则效[2]。或有濳[3]心著述几何、数学，即当誉扬，惟当开新数历法，更览深奥，便合我侪今知天地之功用。如钮敦[4]、类比宜迪斯[5]二士所立之法，嗣后[6]被法兰西国士名拉巴拉斯[7]在天文用之而成[8]，赖于试行试视之根[9]。凡有格学，古人几全而失，但率[10]而观之即成格学。此为甚易，不必精细思议、耐性之工。惟倍根云，古昔乃

[1]镌，雕刻。

[2]则效，效法。

[3]濳，应为潜。

[4]钮敦，即Isaac Newton（1643—1727），现通译为牛顿，牛顿为英国人，著名的物理学家、数学家，提出万有引力定律、牛顿运动定律等，与莱布尼茨共同发明微积分。著有《自然哲学的数学原理》《光学》等。

[5]类比宜迪斯，即Gottfried Wilhelm Leibniz（1646—1716），现通译为莱布尼茨，德国人，在哲学、数学、政治学、法学等诸多方向都留下大量著作，建树甚巨。

[6]嗣后，以后。

[7]拉巴拉斯，即Pierre-Simon Laplace（1749—1827），现通译为拉普拉斯，法国著名的数学家、物理学家，主要贡献在天体力学及数学，于1816年被选为法国科学院院士，故慕维廉称他为国士。

[8]如钮敦……天文用之而成，似指拉普拉斯将牛顿、莱布尼茨共同发明的微积分应用到天体力学中，即他提出的拉普拉斯方程。

[9]赖于试行试视之根，Hoppus原文为rest on the basis of experiment and observation(依赖于以实验与观察为基础)。

[10]率，草率、轻率。

天下如婴孩之时[1]，故人每[2]用猜度之事卓越理性[3]，奚足奇哉！迨年长时，理性即能得胜而成真道也。有诸事可应此意，如：古人云地球之形似方长，周围有不通洋海者，其北有高山如尖，日月星辰每旋环于外，日时长短、四季变更皆因山象与太阳斜照而成之；或思天如大圈，一边靠地，一边靠海，中有两大柱，圈下有诸天神引诸星运动。古时天文通行如此，而于格学，其意模糊同然。论性理亦有多谬，如心觉[4]之道，其所作者亚力斯度得，才高学博，权力超群，播行遐迩[5]，如缚人心，曾经二千年间。其意从物体有精微之象出，通乎五官而入我心，如印于腊[6]。盖凡觉目睹之事，即可解耳。此事实属渺茫。有物体，有人心，二者如何交通？其妙谁可解者？即就此而解之，第[7]恃其佞[8]而已矣。亚力生于周安王[9]时，在希腊国，直至倍根时，其权仍普行于人心，比皇帝统治人身则更有甚者。其才精微贯通，考究万物超轶[10]寻常，著作富有。中论禽兽草木等事，惟猜测精奥，彼意若何，此意若何，似不遵乎近

[1]婴孩之时，Hoppus原文为the childhood and youth of the world（世界的婴幼期）。
[2]人每，即人们。
[3]用猜度之事卓越理性，Hoppus原文为imagination should prevail over reason（用想象压倒理性）。卓越，高高超出。
[4]心觉，Hoppus原文为sensation, or feeling（知觉或感觉）。
[5]遐迩，远近。
[6]腊，应为蜡。
[7]第，只是。
[8]佞，用花言巧语迷惑人。
[9]亚里士多德生于公元前384年，卒于公元前322年。周安王，即姬骄（？—前376）。
[10]超轶，超过、胜过。

情[1]之法，只要操权人意，放厥[2]胆量，讲论天地功用，枉费心力，时无稗[3]益。盖彼执拗[4]己见而阻前法，只避前法而反言不正。倍根云：此士欲虐[5]人心，如言及土耳机皇，其兄弟不亡，已[6]不能保稳也。[7]彼作辨论之道[8]，实属深奥，大有才智，查察人心思念之法。此道惟从历代迷惑众人，诱离外物而仅论言语之别，故无大用焉。

亚力格学始兴于希腊最为礼义之邦，后兴于罗马，有君吏眷顾，翻译他国方言。由此，人思此学包赅[9]万有见识，而当其辨论即为其真理之机。人于格物学，思如发酵，有微妙之气之性透于物之中，多从猜度而已，究无实据也。此时无人敢阻其学而逆其权，各国远近士民，咸服其训而顺其道。但人所徇意[10]者，亦有多方辨诘[11]，如人互相攻击然。故天主教化王于宋时禁亚力格物、性理[12]，虽律例綦严，亦不足以灭其权，习俗相沿已久，行如无所不能

[1]近情，近乎实情。
[2]厥，代词，其。
[3]稗，卑微、卑小。
[4]执拗，坚执己见。
[5]虐，残害。
[6]已，应为己。
[7]亚里士多德习惯在每部作品中简述前人的看法，再对这些看法予以彻底的反驳。培根在《学术的进展》中评论亚里士多德的做法类似于奥斯曼帝国的国王，他们在夺得王位后将其兄弟处死，认为不把自己的兄弟赶尽杀绝，就不能实施牢固的统治。“土耳机”，现通译为土耳其，奥斯曼帝国为土耳其人建立。
[8]辨论之道，Hoppus原文为Logic（逻辑学）。
[9]包赅，包括、具全。
[10]徇意，顺适心意。
[11]辨诘，辩难诘问。
[12]故天主教化……性理，Hopuus原文指拉特兰委员会（council of Lateran）在教皇英诺森三世（Pope Innocent III，1160—1216）的领导下，宣布禁止使用亚里士多德的物理学和形而上学。此时期相当于中国的宋代（960—1279年）。

也；亚力之名如佩辟邪符。彼书普行，或有学宫，其士被强必从其理，不从他学。

由此时迄至[1]明季，亚力权柄仍在，究人心渐备而克去之，以望佳日稗益格致，即文学振兴[2]、印书开新与耶稣圣教肇兴[3]，皆预备天下得着新光而散去格学黑暗之事。如亚力与其生云地球在宇宙之间，幸有丹国士名哥伯尼格斯[4]，彼复兴古时遗传之道[5]，乃谓地球于太阳周围运动于外，与行星之真法；亦有几士与倍根同时，新考格学与几何、数学。天下士人唏嘘浩叹，救离古昔黑暗，不囿[6]乎其中。圣教名士路提[7]，幼从亚力之学，后则视为虚浮而厌弃之。法国京都学宫又有士，公诘亚力之学，为此吃亏多矣，彼书抑置，其名亦污。[8]人始开新法，恒有诸难，惟此事有用，如掘地于下，以灭亚力之权。夫留于倍根，断绝亚力游惑之势，终攻其学，试救人心脱离二千年之役，执掌理性，被造化主所赋而操于人柄，亦绘一图可赅凡有格学之道。

---

[1]迄至，到、至。

[2]文学振兴，指欧洲的文艺复兴。

[3]耶稣圣教肇兴，Hopuus原文指16世纪欧洲的宗教改革运动（Reformation）。

[4]哥伯尼格斯，即Nicolaus Copernicus（1473—1543），现通译为哥白尼，文艺复兴时期波兰天文学家、数学家，提出著名的日心说。此处“丹国”有误。

[5]古时遗传之道，Hopuus原文指毕达哥拉斯学派的学说（Pythagorean doctrine）。

[6]囿，拘泥、局限。

[7]路提，现通译为马丁·路德（Martin Luther，1483—1546），著名的宗教改革家。路德出生于德意志，于1517年以学术争论的方式在维登堡大教堂大门张贴《九十条论纲》，提出新的神学见解并攻击天主教售卖赎罪券等行为，是欧洲宗教改革的先声。

[8]法国京都学宫又有士……其名亦污，Hoppus原文指法国的彼得吕斯·拉米斯（Petrus Ramus，1515—1572）。拉米斯在1543年曾发表《对亚里士多德之批判》及《逻辑的分类》，公开攻击亚里士多德学说。两书出版后没多久，他被审判为有罪，由国王发布敕令，禁止他上课演说、发表著作。谴责他的告示贴满城市，学生上台讽刺模仿他的稀奇古怪的动作，也曾遭拉伯雷取笑。

倍根生于明嘉靖四十一年[1]，少时入学，不喜诸学浅杂之式与诸工艺若不相连，人恒猜度，似属虚而无益矣。彼愈思之，愈觉今学虚浮，凡所考之法必当振新，非由目睹与试行而生，皆必弃之。彼见亚力仍掌学中，即为最坏者，人习其道而弃究天地之功、万物之性与其运动之理，即成诸果咸溺于无用之辨论、虚空之解说，才力殚于游玩之事。于此，人渐增智、振兴格学即绝望矣。斯时如人睡觉，心中蒙昧，第[2]讲虚空之学问而已。当倍根时，皆如此，其功何用可见矣。彼建立一学，惟循乎理性与人常有之思虑，而阻凡有猜度、假冒之事焉。

于此，倍根著《格学新法》，其意芟刈荒无[3]而播益智之种。彼才以行此放胆之功，若观其书，即可见之。其书名《格致新机》，又名《新法》。彼之大旨非猜度天地之功用，如古士昔日所作，惟从六合[4]，凡有实事并列一处，推出总理也。夫其总理未成之前，当尽力访问万物为法。如此而行，向所未曾为耳，或系乎格物，或系乎性理。[5]倍根即称诸艺之先导，试行格学之始祖。

---

[1]Hoppus原文说培根生于1561年，译介误将其转换为明嘉靖四十一年（1562年）。

[2]第，只、仅仅。

[3]无，应为芜；芟刈，割、除去，如《墨子·非攻下》：“芟刈其禾稼，斩其树木，堕其城郭。”荒无，形容地方偏僻荒凉，用在此处不合，似应为荒芜，即指无人管理而杂草丛生的田地。芟刈荒芜，指除去杂草，Hoppus原文为clear the barren wastes of science（清除科学中不结果实的废物）。

[4]六合，指上下和四方，泛指天地、宇宙。

[5]如此而行……或系乎性理，Hoppus原文为：never before was there laid down to the minds of men the true theory of investigating all truth, whether natural or moral.（此前从未有为人类心灵制定探究所有真理的正确理论，无论是自然的还是道德的。）

若要指此法所成之益，其功岂有限量哉！即溯前二百年格学之史记也。试思西国生才林立，如众星然，其士皆仰望倍根若北辰[1]然。窃念钮敦之光，独超其众，不独以一已[2]之才力，亦因饱吸倍根格学之性[3]。钮敦大有灵慧，司[4]己猜度，而能建立新学，在[5]基悠久，与人心及真理同[6]。若指其光学、重学、数学、天文等，可识全遵此法而成矣。我确知钮敦熟倍根之书而从之，故获大益。倍根排一总理为基，以验推进之法[7]，即为其《格致新法》第一公论也，曰："人乃天地之役，要阐天地之义，惟当观其功而察其理，即能行工明道。"[8]逾乎此者，即不能知，而不能为耳。此总理真是实智之基。格士之学较常觉见闻之果，惟有大小之殊，而无彼此之别[9]，如：人知寒冷凝冰；夏日在天际比冬日最高；煤圹[10]有气如火药沸腾然。当我离此事之时，初思推其因，想如何复为之，即用见闻以成学。

[1]北辰，北极星。《论语·为政》："子曰：'为政以德，譬如北辰，居其所而众星共之。'"

[2]已，应为己。

[3]培根格学之性，Hoppus原文为the spirit of this philosophy（这一哲学的精神）。

[4]司，掌握、处理。

[5]在，应为其。

[6]而能建立新学……及真理同，Hoppus原文为he was enabled to construct theories... on a foundation that must remain unshaken so long as the human mind and truth continue what they are（他将理论建构在这样的基础之上，只要人类思想和真理继续存在，它就保持不动）。

[7]推进之法，即归纳法（induction）。

[8]见《格致新机》第一条，即正文第15页。

[9]格士之学……而无彼此之别，Hoppus原文为：The science of the philosopher differs in degree only, not in kind, from that information which is the fruit of the commonest experience.（哲学家的科学与最普通经验得出的结果，区别只是在程度上，而不是在类别上。）

[10]煤圹，煤矿。

盖从推进之法，而理论之本循乎人心，其基在从同然之因而望同然之果，一一核算，即可推出总理。此望乃为人心本然之性，被造化主所赋于衷[1]者，无之则不能知，亦不能保稳，危险也。此在我见闻之前而亦开导之，譬如孩童初与火，近其身被伤后即畏之，而不敢逼近。彼望其同然之因，必有同然之果。此如推进之象，惟欲多而且广，可成其总理矣。

倍根初时定拟两相反之谬，向来于我明天地之功用阻害：其一，自己执言天地之功若全知之，奚必深考之？于此更欲访问其全，断绝亦觉徒然。其二，有格学之士言无事可知，违逆见闻与衷怀思意，真属糊涂，若不循乎理也。[2]古时有希腊士，彼书已失，若行在其差谬之中[3]，此法更当则效，为最美者。彼识天地奥妙无穷，如云霞涵[4]于四周，仍要前趋，终意常置于目前，以志不忘。惟此士规法未见为足，第其依重于心精微之功，偶然猜度之意太重也。古人所誉辨论之法尤晚，因人心已盈[5]差谬，由此机变坏，则人心之差谬更坚且久，而无改正，避去其谬，疑惑之黑索更加坚炼，亦有美丽装饰压重于下。可明人心必有所指示而[6]治理之法[7]以用其才，如人身必赖于机器以

---

[1]衷，内心。

[2]这两种观点见于培根《新工具》序言，前者认为自然界法则已被搜寻出来且已全被了解，不需要也无法再探寻；后者断言绝对没有任何事物可解，即不可知论。

[3]指介于上述两种错误之间的看法。

[4]涵，沉浸、笼罩。

[5]盈，充满、盛满。

[6]而，应为与。

[7]人心必有所指示而治理之法，Hoppus原文为the mind needs direction and regulation（心灵需要指示和规则）。

扶之，庶可担当重任。古时于此法，尚缺陷耳。惟倍根让古人仍留其名，与其相和而已。彼设格学之法，非嫉妒争论，惟取有用，以得真理。若有人无暇或因他故，不能从此更难之由[1]，可尽己力而试成诸道，乃名心中预兆之法；又有更为格学至善者，即从其推进之法，乃名天地阐义之理[2]。就此而书之，此事则不可缺，因倍根前后有诸人弃之而陷谬焉。

上所略论《格致新法》之书，以下再当译出全意续载。第恐人云，此外国开新之法，以避其古之异端。惜哉！中华自古迄今，亦有异说兢[3]起，必当猛绝，如星卜、堪舆等，其所为学者小而且微，人每考察之而即有所阻也。凡此事系乎万国众人，去前时之蒙昧而顿开益智，绝世俗之故态而咸[4]与新法，是中国所大幸也。[5]

1877年第二卷，光绪三年二月

[1]由，办法、途径。更难之由，Hoppus原文为unable to pursue this more laborious method（不能追求更费力的办法）。

[2]培根在《新工具》序言中，将传统的方法称为Anticipation of the Mind（人心的冒测），即句中的“心中预兆之法”，而他所用的是Interpretation of Nature（对自然的阐释），即“天地阐义之理”。培根认为他的方法才是正确的阐释自然、发明知识的方法，而传统方法只是培养知识的方法，不能阐释自然，他虽不鼓励使用传统的方法，但不坚决反对。另，“天地阐义之理”的“理”，似应为“法”，以与“心中预兆之法”相应。

[3]兢，强劲。

[4]咸，全，都。

[5]本段为译介添加。

续《格致新法》

《格致新法》全书分作两大段[1]，第一段指引第二段，意欲预备人心接用第二段之道，传述新法以悉天地之功用，广操其权。此书分析诸节，又名“公论”。今非欲呈其各节，惟略论而已，以冀后日翻译成书，则可显明其大道矣[2]。

1877年第三卷，光绪三年三月

[1]培根《新工具》分为两大部分：第一部分130条，旨在清理人心，为读者理解和接受第二部分作准备；第二部分52条，具体阐述科学发现的方法，即归纳法。译介此处用“叚”（即段）来区分第一、二部分，但其后标题则卷、叚混用。实际上，译介只介绍了《新工具》的第一部分。为保持原貌，校注时不作更改，特此说明。

[2]此书分析诸节……明其大道矣，为译介者添加。“以冀后日翻译成书”所指应是培根的《新工具》。慕维廉和沈毓桂已于1876年在《益智新录》中刊发《格致新理》，也就是《新工具》第一部分的译文。从时间来看，刊发《格致新法》时，《格致新理》还没刊毕。至于“翻译成书”，很可能指出单行本。

弁言　第一卷[1]

按，其初三十七公论[2]，即全书之首卷也，大略欲避古之疑窦[3]，而令人留意于新法也。倍根甚虑格学之法不佳，人每考察之而其功效浅鲜，迨至明季焉。盖智识与操权同然，未诚知天地之功用，即不能大操其权矣。若不用新法以振诸学，此事必恒有之。夫振兴者，不便如素所留于偶然者，因每后代只覆音[4]前之历代，自己安分虚誉格学刁诈之法，而弃他法，更循乎实理也[5]。万物之学，培根譬若高塔，当以万物之理为基。设有人试争建造，惟以心中猜议之力，实属虚而无用矣。若欲实扩识见[6]，其独一企望[7]必由试行之法。斯意每事两端、反正，其数甚足，必当查察之而除余事，至终成便用之理，以更探索也。按，推上之

[1]弁言，引言、引子。Hoppus原文为General Prefatory Remarks（导言评述）。卷，应为段。又，本部分原文不分段。

[2]指培根《新工具》第一部分的前37条箴言。

[3]疑窦，使人怀疑的地方。Hoppus原文为prejudice(成见)。

[4]覆音，回音。

[5]而弃他法，更循乎实理也，Hoppus原文为to the neglect of one more genuine and scientific（忽视了更真实和科学的方法）。

[6]识见，Hoppus原文为Knowledge（知识）。

[7]企望，Hoppus原文为hope（希望）。

法[1]在《格致新法》所著之时[2]，其诸习俗之念悉大不足，如系地心力、互相牵引、五行、本质、形状等，皆属模糊虚诞者也。[3]我多有之意见，系心中之提觉与辨诘[4]，虽不能大为欺诬，究因格学假法可成搅乱昏昧。譬我所见之物，或思其像在我衷[5]。如有马像，必欲在我中，不然即不能见其马也，反之，所见即意中实事；惟如何从此物贯通我心，令人殊难索解。

前考真理之法，即粗视些物，即欲推上，归于公论、终旨[6]。惟培根言，独一真法即渐升高，从目睹耳闻其所足用之物，即及最小公论，后渐升至更高总旨，至成全括终道[7]也。夫慧心本欲循其前之法，即有巨力以阻识见与格致之学。盖格学之意，即是要见物，实循天地中之形，不依其外貌之形。[8]培根云：人心之意像较上帝心之意像有大分别，其前即我所怀虚空之念，其后即存真实之性印于

---

[1]推上之法，Hoppus原文为inductive principle（归纳的原理）。

[2]指培根发表《新工具》之时，并非指Hoppus导读发表的时间。《〈格致新法〉总论》中说“我今所作，即解《格致新法》”，将《新工具》译为《格致新法》。

[3]如系地心力……皆属模糊虚诞者也，Hoppus原文为those, for instance, relating to gravity, attraction, the elements, matter, form-all these, and many more, as taught in the sixteenth century, were but ill-defined and fantastical notions（比如，16世纪所教的诸如地心引力、吸引、元素、物质、形式等概念，甚至更多，都只是含糊的、空想的）。

[4]提觉与辨诘，Hoppus原文为sensations and reasonings(感觉和推理)。

[5]衷，内心、心中。

[6]公论、终旨，Hoppus原文为general axiom or conclusion（普遍公理或结论）。

[7]全括终道，Hoppus原文为 grand and final conclusion（涵括范围大的最终结论）。

[8]盖格学之意……不依其外貌之形，Hoppus原文为：It is the object' of science to see things as they are in nature, and not in appearance merely.（科学的目标是观察自然界中的事物，而不仅仅是心中的表象。）

万物之中也。此事可证，如古多禄谋[1]天文之学，其根在假冒之念，乃星辰所见之运动思为实在之运动也。每天日月星辰设运地球周围，由此思之，地球在中，俱绕其周围而运也。反之，精细考察，其真理已定：太阳居于中，比地球所行则几靖[2]矣。培根云：预望天地之功用，虽属草率无理，究更有力以触人心之会意，即宁喜自猜微妙之事；而参天地之道，即从诸物渐相会集考察真理，不能忽触人心，当及其终意，恐要阻疑窦而视之奇甚，使人不肯接纳，虽有诸端可作凭据，如圣教中最奥之事也。

以上预望之法，即定天地之功用必当如何，终不能振兴实学，虽有才高著作者，亦不能成也。第谷[3]士如此预望天地，思地球恒静即为真理。彼悉行星运动，故不能思其中在太阳，究要保存己意，乃地球不动。彼思太阳与诸行星每年绕其四周，而其行星旋于轨道，在太阳之外。彼已弃格白尼[4]之道，乃地球每日自转其轴，必执多禄谋至谬

[1]多禄谋，即克罗狄斯·托勒密（Claudius Ptolemaeus，约90—168）。托勒密继承了亚里士多德的地心说，利用前人积累和自己长期观测得到的数据，著成《天文学大成》，提出了地心说天体模型。在这模型中，地球静止不动居于宇宙中心，各行星都在较小的圆周（“本轮”）上匀速转动，而“本轮”的中心又在以地球为中心而略有偏离的圆周（“均轮”）上匀速转动，只有太阳直接在“均轮”上绕地球转动。

[2]靖，安静、安定。

[3]第谷，即第谷·布拉赫（Tycho Brahe，1546—1601）。第谷是丹麦天文学家和占星家，记录了大量极为精确的天文观测资料，发现了很多新的天文现象，如彗星比月亮远很多倍。但他不接受地动说，持地心说，认为所有行星都绕太阳运动，而太阳率领众行星绕地球运动。

[4]格白尼，Nicolaus Copernicus（1473—1543），现通译为哥白尼，文艺复兴时期波兰天文学家。他著有《天体运行论》，提出地球是球形，地球24小时绕轴自转一周，太阳在宇宙的中心不动，地球以及其他行星都围绕太阳做圆周运动，只有月亮绕地球运行。

之法，思宇宙每日运乎地球周围也。更有士名刻白尔[1]，与培根同时。彼想诸行星必有六数，其轨道必有一定长短，因此数自有定性、定形，行星与彼必当相合也。此诸猜疑悉著于书，刊行于明朝万历二十二年。[2]送至第谷士，彼答曰：当见天地功用以作实基，由此推上，争归于万物诸因。[3]此美意也。刻白尔从之而查察更实之事，彼用第谷所见天文之事[4]，更查出行星运动之法，自此时即称其名。后有海更士[5]，数理天文之士，被已[6]诱迷同然也。彼查土星之一月，即加与木星之四月，及地球之一月，汇成六数，乃为行星[7]之数，六数亦以为全数。故彼曰：其行星已察其全而无有他也。今咸识此数之议大谬矣。

---

[1]刻白尔，Johannes Kepler（1571—1630），现通译为开普勒，德国杰出的天文学家、物理学家、数学家。

[2]Hoppus原文所指是开普勒的《宇宙的神秘》（*Mystery of the World*）。此书刊行于1596年，即万历二十四年，并非二十二年。开普勒当时因袭了毕达哥拉斯派和柏拉图派用数来解释宇宙构造的神秘主义理论，认为土星、木星、火星、地球、金星和水星的轨道分别在大小不等的六个球面上，太阳居于中心。

[3]开普勒将《宇宙的神秘》寄给第谷，第谷对他的数学才能颇为赏识，邀请他前往汶岛访问。开普勒最终成为第谷的助手。此处第谷的答话，Hoppus原文为：first to lay a solid foundation in observations, and then, by ascending from them, to strive to come at the causes of things（首先要用观察打下坚实的基础，然后依据基础作提升，努力得出事物的原因）。

[4]第谷所见天文之事，指第谷积累的天文观测资料。第谷将他的观测资料赠给了开普勒。借助于这些资料，开普勒进行观测和分析，最终发现了行星运动的三大定律，被誉为“天空的立法者”。

[5]海更士，Hoppus原文为荷兰的几何学家和天文学家Huygens，应是Christian Huygens（1629—1695），现通译为克里斯蒂安·惠更斯，他是近代自然科学的重要开拓者之一：在数学上，发展了概率论和微积分；在物理上，提出了向心力定律、动量守恒原理、光的波动说等；在天文学上，改进了望远镜和显微镜，发现了土星的卫星土卫六等。

[6]已，应为己。

[7]行星，即现在所说的卫星。

培根当誉之事，即试由人心避其预望、棼乱诸念，此时若大胜然，而被格学名士多怀之。培根曰：若万世万人合其工而竭其才，惟循预望之法，即不能前兴格物之学，因衷怀初生之差谬，即不能以其善用得医，后日亦不能医也。若人不要恒运于圆圈之中，亦无前行，乃有只[1]一法余下，乃领人从考物物，至其次序、相连者也[2]。彼当安分暂离己念而亲悉诸物耳。我法始焉稍似不信者[3]之法，惟有大别而后，至终与彼相反。彼不信者如痴呆然，思无事可知也，我云循今日之法，所望者稀矣；彼逆理性、常情[4]，而我侪试助之也。

1877年第三卷，光绪三年三月

[1]有只，应为只有。

[2]乃领人从考物物，至其次序、相连者也，Hoppus原文为that of leading them to particulars, to their order and connection（引导人们到特殊的事物，引导到特殊事物的系列和关联）。

[3]不信者，Hoppus原文为Sceptics（怀疑论者）。

[4]常情，Hoppus原文为common sense（常识）。

心中意像或名诸疑大源　第二段

培根细指人格物之时所以诸谬数源，又著其谬大阻我加增识见与得知真理也。彼云：其意像，或名心腔伪念，甚凝于内。即不独闭户，由此真理可入；但虽真理已入，若人非前知而勤慎防备，亦要复来扰乱诸学振兴。[1]盖培根所著之书，此段奉为至宝而尤为甚要，以人寻加识见及真理。故今略言此事，俾所阅者知之。

培根以意像之名，称其诸疑，所阻真理前行。因世人志向顺服而不顾真理，如彼以当拜独一真实上帝之仪，而反献奉所猜之偶像也。

夫诸疑分作四等：一，万人意像；二，各人意像；三，市井意像；四，士学意像。此乃差谬数源，特当留意，因包括最大之故。彼志向恒阻真理，或在本然，或在性学；彼如瘟疫，必当心中先洁，否则不能清爽强健，得

[1]彼云……亦要复来扰乱诸学振兴，Hoppus引用的是《新工具》第一部分第三十八条：The Idols, or false notions of the mind, so deeply fix themselves in it , that they not only shut up the avenues through which truth might enter；but even when it has entered, they will again be presenting themselves, and will be troublesome in the advancement of the sciences, unless men, being aware of them before hand, guard against them with all possible diligence.（假象或者错误的概念在心灵中扎根如此之深，不仅关闭了真理可能进入心灵的门径，而且即便在真理进入后，它们也会搅扰诸科学的进展，除非人们预先意识到它们，并尽力地抵御它们。）

成之法，以查出真理也。或曰培根所提之规条，事格致之规条。彼所洁清殿宇非属天地，乃属心腔，故彼所颠倒之像皆在心中，未迁[1]之前，即真理不肯去其面帕，使人敬拜之。

万人意像，乃诸疑第一等也。盖有此名，因属天下众人，设由人性之疵[2]所出总疑[3]。培根曰：人慧如镜，其面不正，故取万物与己疵相和而反斜照也。此意像有七因，乃不觉阻隔查出真理及振兴格致：一，或因思天地万物皆有同然之形[4]；二，或因先挟之意草率执拗；三，或因猜心被物大有感触；四，或因人心恒动不静；五，或因志意、情欲一偏向理性；亦[5]，或因五官所觅不足；七，或因甚爱格物总论[6]。

各人意像，乃诸疑中第二等也，恒阻凡有真理及见识。此疑各等，依各人之心同然。培根曰：斯像也，乃各人之像，因人心自逆[7]以外，各有其等，折断、变坏天地之光；或因本性使然也，或因习学相交也，或所读之书及所钦[8]操权者也，或因其先挟之意而执守也。如此，其心在各人之中，即是摇动搅乱由物，几乎若偶然靡定[9]之物。或

[1]迁，变更、变动。

[2]人性之疵，Hoppus原文为infirmity of human nature itself（人性本身的弱点）。

[3]总疑，Hoppus原文为general prejudices（普遍成见）。

[4]或因思天地万物皆有同然之形，Hoppus原文为too great a tendency to suppose a perfect uniformity in nature（认为自然界完全一致的倾向太大）。

[5]亦，应为六。

[6]或因甚爱格物总论，Hoppus原文为the love of abstractions and generalisations（对抽象和概括的热爱）。

[7]自逆，Hoppus原文为general waywardness of human nature（人性普遍的任性）。

[8]钦，敬重、尊崇。

[9]靡定，无定。

云，有人寻求格学在己寸心，不在大天地之中也。[1]培根曰：其诸难必当慎思，扫除此像；其大源或由士人攻苦习学，或由物之分合太过不正，或由偏爱人时，或由物之大小不同也。

市井意像，乃诸疑中第三等也。其疑由与人恒交而言也，实因我言语之不足，故有此疑耳。我察出真理之时，必当避之。培根曰：此疑即为最烦恼也。又曰：言，人概依愚夫之心，解诸事物悉从常人有限之智，迨至思更精细，视更诚实，要迁此限之界而置依天地之准，其言高声而禁止也。[2]譬若我言太阳出没，究非太阳之出没，而实地球之旋绕也。更有内外诸事亦然，非从言语，乃从心思与目视也。第此言改之不易，而当变之，庶可以言语而准事物也。

士学意像，乃诸疑中第四等也。此由虚拗性理、格学振兴于天下而生也。[3]中外有此式样者，亦复不少，然而多

[1]有人寻求格学在己寸心……天地之中也，Hoppus此处引用《新工具》第一部分第四十二条中赫拉克利特（Heraclitus）的话：Men seek the sciences in their lesser worlds, and not in the great and common world of nature.(人们追求科学，总是求诸他们自己的小天地，而不是求诸公共的大天地。)

[2]言，人概依愚夫之心……其言高声而禁止也，Hoppus此处引用《新工具》第一部分第五十九条：Words are for the most part accommodated to the notions of the vulgar, and they define things by bounds that are most obvious to common minds；and when a more acute understanding , or a more accurate observation, would remove these boundaries, and place them more according to nature, words cry out and forbid. (文字大部分为适应流俗的概念而使用，它们以对普通人来说最浅显的界限来定义事物。每当一种较敏锐的理解力或观察要改动这些界线以更合于自然时，文字就拦在路中并禁止改动。)

[3]此由虚拗性理……天下而生也，Hoppus原文为the prejudices and perversions of the mind arising from the fabulous and visionary theories and the romantic philosophies that so long prevailed in the world（这些心灵的偏见和扭曲，产生于世界上流行很久的神话、幻想理论和玄想的哲学体系）。

属虚诬诡谲[1]而已。此像为疑惑之源，更连大人之权，故常迷惑人心而使之为役。则此等疑惑较上三等之不同，乃慧心所役[2]，甚奇也。培根曰：此像非心所本有，亦非私盘于其中者，是明明强入，以浮伪理学、议拟诡法而收纳之。为此，必归自己作主之法，而循理格学。即培根曰：有曲脚而趋正路，反胜乎快足而胜邪路也。设人心试走差路，愈殷勤则愈难〈达〉格学正路之的。但今所摘之法，不独依精微慧心、奥妙高才，亦合凡人以至最谦者。若但手划直线或作圆圈甚难，惟藉规矩以为之，乃易易也。培根曰：此诸像必当永弃之，慧心由此污秽全扫；因人执掌国度，即在格学为基，若要入门与入上帝国无异，即似小孩之情状也[3]。

1877年第七卷，光绪三年七月

[1]诡谲，怪诞、狡诈。

[2]慧心所役，Hoppus原文为intellectual slavery（思想的奴隶）。

[3]此处培根借用了《马太福音》第18章第3节耶稣的话：“我实在告诉你们：你们若不回转，变成小孩子的样式，断不得进天国。”

伪学数等 〈第〉三段

培根所著之书，后论数等格学，乃发市井之意像[1]，有学虚浮猜度，多为奇巧之工而触心也。此学分作三等：一，刁滑；二，不足据；三，从鬼神异端[2]。其一，刁滑。悉由卤莽灭裂所观所试之法[3]而作，亦被所作者之心随意充满也。昔有亚力斯度得之学，即此式样。虽千百余载，声名卓越，行大权能，仍有刁滑情形，而虚诬于人，则不足恃也。盖其书或只用辨论之言，或用试行与见闻所及，如前心中议定天地之理，后试引见问[4]，随其私意如此。彼以刁诈之言诱人，乃为辨驳，非为真理之源也。其二，乃不足据之学。即从稍些[5]试行而发，虽作精细，而究不全。此〈如〉人猜议天地万物有四行，如西前水、火、气、土而成，与中谓五行仿佛也[6]。其三，从鬼神异端。此学与

---

[1]市井，应为士学；市井意像与语言文字相关，士学意像指由各种学说体系带来的假像。

[2]这三者，Hoppus原文为sophistical, empirical, and superstitious（诡辩的，经验的，迷信的）。对于empirical，Hoppus在下文解说中指以少数实验为基础就匆促提出的理论体系。

[3]卤莽灭裂所观所试之法，Hoppus原文为careless and hasty observations and experiments（草率和仓促的观察和实验）。

[4]问，应为闻。

[5]稍些，少许、一些。

[6]仿佛，差不多。“五行”之例为原文所无。

教事杂和，而其学强服于教。古有比他哥拉斯[1]与百拉多[2]二士之学，以为模范。其学大半由猜议上帝之性之德而成也。近时亦有数学同然。惟培根曰：此虚浮之习，即以天事与人事杂和，宁可压住[3]，因从此不独生学中之伪像，亦生教中之异端也。夫设格物之学，其心应防二太过之事：一执拗，一无信。[4]因此二者之志趣，恒遗诸疑，仅乘机以去之。[5]如亚力斯度得试避凡疑之机，即设诸问而后随意解之，似彼独为阐义天地之士，而后无继者也。反有比罗[6]士与其徒，猜疑万事，即损百拉多之学[7]，始设无信之法以笑责昔执拗之士。其前乃执拗之法，莫不能陷小而卑微人

[1]比他哥拉斯，Pythagoras（约前580—前500），现通译为毕达哥拉斯，古希腊著名数学家、哲学家，创立了称为毕达哥拉斯学派的政治和宗教团体。在数学上，毕达哥拉斯被西方认为最早提出了勾股定理、证明了正多面体的个数等；在哲学上，提出了“万物皆数”主张，将宇宙看作是数及其关系的和谐体系等；等等。他的学说带有神秘色彩，如主张轮回说或再生说，认为“一”同于理性，“二”同于灵魂，等等。

[2]百拉多，Plato（前427—前347），现通译为柏拉图，古希腊伟大的哲学家、政治家，他的哲学体系博大，提出理念论、回忆说等理论，对西方产生重大而深远的影响。译介中有时也作“彼拉多”。

[3]宁可压住，Hoppus原文为rather to be suppressed（宁可抑制住）。

[4]“执拗”和“无信”，Hoppus原文分别为dogmalism（教条主义）及scepticism（怀疑主义）。

[5]因此……去之，Hoppus原文为as these both tend to perpetuate prejudices, scarcely allowing the opportunity of their removal（因为这两者都会使成见长期存在，几乎不提供消除它们的机会）。

[6]比罗，Pyrrōn（前365或360—前275或270），现通译为皮浪，古希腊哲学家，被认为是怀疑主义的鼻祖。

[7]损百拉多之学，Hoppus原文为an abuse of the school of Plato（滥用柏拉图之学），即将柏拉图本来用于取笑和嘲讽的怀疑，正面使用，以反对古代教条主义。

心；[1]其后之法必使人心怯弱而绝望可得真理。

以上所言心中之意像被伪据及坏议[2]大为防备而坚固者。夫言，素暴思念[3]；而思念素为骄泰辨道之奴，即与耳目草率差谬、所感触之意相交。由此不正之意[4]，有总理发出[5]，乃为诸谬之本，又使凡格学之尊贵及振兴尽灭也。如此，或有西士与中羽士，试以铜铁变作金银，或炼普救之药，以消除疾病，免厥死亡，而成永活之金丹，皆属虚诞，岂有益哉！

1877年第八卷，光绪三年八月

[1]其前乃执拗之法……卑微人心，Hoppus原文为：The former of these methods, or that of positively dogmatising, cannot but contract and degrade the mind.（这些方法的前一个，或者是积极的武断，只能窄化和贬低心灵。）

[2]伪据及坏议，Hoppus原文为false proofs and corrupt demonstrations（错误的证据和有缺陷的证明）。

[3]素暴思念，Hoppus原文为the tyrants of thoughts（思想的暴君）。即语言本身的界定并不清晰，会直接导致思想出现谬误。

[4]不正之意，Hoppus原文为ill-formed notion（不正确的观念）。

[5]有总理发出，Hoppus原文为establishing general principles（得出了一般原理）。

伪学形迹　〈第〉四段

培根后指伪学形迹，以阻彼所生之诡谲也。一乃格学之原。若其原为假为谬，其所生者亦必如是也。培根著书时，凡有之学大半由希腊国士所发，其理即执拗且辨驳之式。初[1]希腊人之学，更觉真实，惟后人更为骄矜[2]，自恃聪明，由此其学之原甚坏也。设观古学所著之时，亦可辨论，则无大益可望焉[3]。希腊学时目睹耳闻，独以古人所识天下之大小而有界限。彼列传所论前事及外民之原，大半虚渺。彼思有诸地无人可处，而后忽见其有众咸集于此。彼游行之地甚觉有限，舟行之法亦甚不足也。设观希腊格学之功效，亦知历代之中无大修整，以益人之礼仪[4]。虽有士从[5]化学，略有益处，此特偶然，而非所成之意[6]。因为

[1]初，最初的、最早的。

[2]骄矜，骄傲自大、傲慢。

[3]设观古学所著之时……则无大益可望焉，Hoppus原文为：If any indications may be gathered from the times in which the ancient theories were framed, no great good, it is further argued, could be expected from these.（如果可从古代理论形成的时代收集到任何迹象，也不能期待从中得到好的迹象，这需要进一步讨论。）

[4]以益人之礼仪，Hoppus原文为improve the condition of mankind（改善人类的处境）。

[5]从，参与、从事。

[6]此特偶然，而非所成之意，Hoppus原文为but this has rather happened by accident than been produced by design（但这是偶然发生的，而不是设计出来的）。

彼所猜度之学，惟害查察真理而已。或人从术法忽遇稍有作用之事，后因蛊惑[1]而变坏也。虽此人有虚渺等意，究查数物，今可获益。设见格学若有前行而修整，可作真据也。惟至清初[2]，乃历二千年，诸学几止而不行，或宁振兴于古昔而后衰败，尝观比他哥里之天文[3]迢至丹国哥白尼古之时为准也。且所作格学之士，亦其学皆属虚浮而无功效，即为印证。虽彼言天地之理，有壮胆执持之式，或时见彼若有绝望之心，责万事幽暗而无定。由此有格致之士，彼疑万端而陷众人于蒙昧无信之渊。且培根曰：列古士中，大不和而相反，即可见由耳目通至理性之路不全预防，因格学一事即分裂于诸谬；故希腊人所生之意见皆无坚固恒久，亦无查察一定之规矩。爰[4]溯明季，或思众人会意[5]在亚里斯度得之学，即为其真实之据，伪矣。因亚力斯度得与百拉多之道，其振兴之故，甚为救出，一概文学所衰乃从凶敌霸侵罗马统国而成也。[6]但此会意，若惟偶然为之，宁谓逢迎；非因人甘从理性、终归同意，只乃疑惑及

[1]蛊惑，迷惑、惑乱。

[2]惟至清初，Hoppus原文为up to the seventeenth century（直至17世纪），相当于清初。

[3]比他哥里之天文，Hoppus原文为Pythagorean astronomy（毕达哥拉斯学派的天文学）。

[4]爰，语气助词，无实际含义。

[5]会意，Hoppus原文为consent（同意，赞同）。

[6]因亚力斯度得……统国而成也，Hoppus原文为for the prevalence of the doctrines of Aristotle and Plato was greatly owing to the accidental circumstance of their being preserved from the general wreck of human learning, which ensued on the of the barbarous nations into the Roman empire（因为亚里士多德和柏拉图学说的流行，很大程度上归结于随着野蛮民族对罗马帝国的侵略而造成的人类学术消沉中，它们被保存下来是偶然情况）。

奴属大名之权所生也。[1]盖此时所流通之学之理，甚不宜乎其为真实。或见其原、其果、其前行、其作者所任、其众人之会意，皆足印证也。

1877年第八卷，光绪三年八月

[1]但此会意……大名之权所生也，Hoppus原文为：Besides, such a consent as that which is supposed, if proved to be ever so little founded on accident, would better deserve the name of obsequiousness ;not being the result of a free exercise of men's judgments, all centering at last in the same conclusion, but the offspring, as it is evident, of prejudice, and an abject vassalage to the authority of names.（此外，这种所谓的同意，如果被证明很少有意外的话，那更应该称之为谄媚。这不是人们经自由判断而最终都归于一致的结果，它显然是后代的偏见以及对权威之名的苟从。）

格学差谬诸因 〈第〉五段

培根所著《格学新法》一书，乃论格学差谬诸因。其第一因，盖历数千年之中，惟不多时而成格学查察之事。设一美喻，若久为广大荒区，即显历多时，则格致之学全无发生也。爰稽古六百载，在培根生前，可思人心只如冬令[1]。斯时黑暗，甚可摸索耳。溯耶稣后千载，约至千六百年，尽属卤莽昏翳[2]者。或人每值暇时，闭关寂坐，似居冥域[3]，仅射一线之光，独库中出，通至于外，与人共交以修整礼仪，而稍有新制之物，俾人便益，较之今时其妙则日新月增矣。

且人概弃格学，即为慧心睡寤[4]之故，又使无力致格学正法。夫最高才者，或诱望赚钱，或喜悦猜疑，尽其心力辨论教事[5]，或[6]在昔罗马人，潜心系乎政事。斯时格致与几何之学，乃为心所习练之根，失其本然之处。在古时

[1]冬令，冬季。

[2]昏翳，蒙昧、愚昧。

[3]冥域，昏暗的地方。

[4]寤，应为寐。

[5]教事，Hoppus原文为a scholastic theology（经院神学）。

[6]或，应为如。

希腊人中，有精通性理之士，名索克拉的斯[1]，大牵人心弗察天地万物。盖我侪识见所揣之本而测之源，即欲范围心中功用恒归于可见、可闻之事，悉屏弃之。有人揣度之意，任其游往，囿于虚空浮气之域。此非由天地所生，实由己所生也。

推之或有人喜探源天地之事，仅有一人殚心竭虑究索此事，惟所求非为格学之故，乃为别业之役。彼所习者，如束缚于足下，其学不顾为诸学之本。此因独立太多，即如树柳试生，分离根干也。[2]

且余见格学之真末[3]，培根曰：此末是使人生富足，以有用之艺与新制之物。惟格学士自欲列教首以为最要者，愈振其名，操权人心，或得别有私事。凡低小之的，挨次为主[4]，反有真理，无变无易，当喜且寻，惟因己故，即如月蚀，或如测影也。[5]

倘若其末为真，其法为误，夫新法一书[6]，第论其大

[1]索克拉的斯，Socartes（前469—前399），现通译为苏格拉底，古希腊著名的思想家、哲学家、教育家，他通过问答法和人讨论问题，探讨对人最有用的真理和智慧，如美德、真理、民主等。

[2]此因独立太多……分离根干也，Hoppus原文为：Nature was not regarded as the parent of the sciences；and these, by standing too much alone, resembled the branches of a tree attempted to be kept alive separated from the root and the trunk.（大自然不被视为科学的母体。诸科学过于独立，就像一棵树的树枝企图离开根、干而生长。）

[3]真末，Hoppus原文为the true end（真正的目标）。

[4]的，目标；挨次，顺次。

[5]凡低小之的……或如测影也，Hoppus原文为：Almost every kind of inferior aim was by turns the lord of the ascendant, while truth, immutable, unalterable truth, loved and sought for its own sake, was eclipsed, or cast into the shade.（几乎所有的下等目标都轮番成为先辈的主人，然而因它自身而值得爱和寻求的不变不易的真理，被遮蔽了，或被抛入阴影之中。）

[6]Hoppus原文明确指《新工具》第一部分（the first part of the *Novum Organum*），不是全书。

要之旨，故当明言，我侪须记探索真理，若有不循理之法，则枉费力矣。培根曰：万事留于遗传之幽暗、辨论之反覆，移若头眩[1]然，又若偶然浪冲曲折及空奥不明之见闻也。向所问之事，只知他人于此事何思何言，乃众人所收者与己渺茫之猜度杂加于〈其〉间。噫！此法惟能遗下，又恒传差谬。如此，真理若囿迷楼[2]之间也。

向人心蒙昧，专敬古时，亦潜服大名者。此事甚合人慧之荏弱[3]，亦是黑暗时之奇迹[4]也。有格士所言，几为独一阻谬之方、真理之柱。培根反曰：真理当为时侯之嗣，非为操权之嗣。[5]意惟历久及忍耐，可为见闻与试行之机，即见识当置之基也。或曰人宜谦逊而查察万物。斯言钦敬若敬鬼神然。虽此言人不知其意，而自亦无理也。惟欲人大方查察万物，可证真理。今在西国所言格学，第[6]信而无考，只谓怠惰[7]。若不合乎人才，只随会意而成，使心似寤寐，渐渐刚愎[8]，若铁集锈然，至终即不能查察天地，而使蒙昧与差谬之链束缚之也。

如美誉大名，凡事于心中所行超于平等，若日耀目，此事大阻格学前兴矣。培根曰：此事在工艺所新制，足以

---

[1]眩，头昏眼花。

[2]迷楼，Hoppus原文为labyrinth（迷宫、曲径）。

[3]荏弱，柔弱、软弱。

[4]是黑暗时之奇迹，Hoppus原文为formed a striking feature in the reign of darkness（形成了黑暗统治时期的一个突出特征）。

[5]真理当为时侯之嗣，非为操权之嗣，Hoppus引用了《新工具》第一部分第八十四条的话：Truth is justly to be called the daughter, not of authority, but of time.（真理应正确地被称为女儿，但不是权威的，而是时间的女儿。）

[6]第，只、仅是。

[7]怠惰，懈怠、懒惰。

[8]刚愎，固执己见，不肯接受他人的意见。

彰明。我侪宁停于空誉所成者，又玩人力所作之富有，不思我等稍有前兴，收束外物，亦不思更有广大之区寓于目前也。凡有工器，其理惟清，皆可归于些稍本然之例。[1]譬若自鸣钟[2]见行于面者，一则如效众星之旋绕，一则如效禽兽之脉动，准时挨次而行，究其些理所用，乃藉地球牵引之力而使然也。但若古人能见今所新制器具，何有奇义？惟此新事，皆由滚沸之气[3]广开而触也。培根在其书所言此事，论我见识所阻之因，业经反敌，因在西国速继历代新造之物多矣，则格学于是乎大兴，在此亦有所发空誉者也。[4]

夫世间蒙昧差谬更有大因，即格士迂腐，习俗谲诈[5]，居然自逞口才，高谈阔论，多方计较，使俗民反误聪明

[1]凡有工器……些稍本然之例，Hoppus原文为：After all, in mechanical instruments the ultimate principle is very simple—all may be reduced to a few laws of nature.（毕竟，在机械仪器中的基本原理非常简单，所有这些都可以还原为少数的自然律则。）些稍，些许。

[2]自鸣钟，能自动报时的钟。

[3]滚沸之气，指蒸汽的膨胀力。Hoppus原文为expansive power of steam。

[4]培根在其书所言……在此亦有所发空誉者也，Hoppus原文为：The causes of retardation in the improvement of knowledge, dwelt on in this part of Lord Bacon's work, have certainly been counteracted, in our time, by that rapid succession of inventions which has marked the increase of the sciences, though, in other respects, there would be much more to foster the complacent admiration he speaks of.（培根在著作这部分详论的知识发展缓慢的原因，在我们的时代无疑已经被作为科学进步标志的系列迅猛发明所抵消了，但在其他方面，可能还培养了更多他所说的自满虚誉。）业经，已经。

[5]谲诈，狡诈、奸诈。

也：今特振乎文学，而无他事可兴，即阻真理。[1]必当于庶民中，广开聪明而散其蒙昧，此不期然而然者矣。[2]

古时格学有大谬执于人心，因今数人自诩聪明，不过夸张而已。培根曰：始行新法，亦遇诸艰，以试世人潜心，更善[3]有理之法，如指人益明金石之类，又更晓风象与天气及人长寿之法等事。彼责人假冒欺骗益寿延年，并慰籍疾病、医愈五官之患，举高才志化俗物而为宝物，星宿感召预兆后日显著秘妙等事。盖真实史记，知人信妄诞无稽之伪书，故有大谬之意隐没不彰，臆度此事渺茫无凭，即暗定于古时执拗之言。[4]

培根曰：人多胆怯且怠，往往安守于有限之时，封新制工艺之名，反从旧略改而已。此亦阻格学振兴也。

---

[1]使俗民反误聪明也……即阻真理，Hoppus原文为：so as to inspire the vulgar with a profound idea of their wisdom, and to leave the impression that the sciences were exhausted by their learned labours, and nothing remained now to be investigated（他们用理智建构的深刻思想来激发粗俗的人，并给人留下一个印象：科学已被他们精深的著作研究详尽，已没有剩下什么东西需要被探究了）。

[2]必当……而然者矣。不期然而然，没有想到这样但竟然这样。Hoppus原文为：The only cure for this evil is the general diffusion of knowledge among all classes of society, which is, most happily, a leading feature of the present illustrious times.（解决这种弊端的唯一方法就是在社会各阶层中普遍传播知识，这是当今辉煌时代最令人愉快的一个主要特征。）

[3]善，赞许。

[4]盖真实史记……于古时执拗之言，Hoppus原文为：Thus, as real history may sometimes have suffered in its credit from fiction, and there are some who would consign the conquests of Julius Caesar to the same scale of probability with the fabled exploits of Arthur of Britain, or Amadis de Gaul, so the spirit for great designs has been quenched by the dread of what might prove chimerical and romantic, and men have been contented to repose in the solemn and received dogmas of antiquity.（这样，正如真实的历史有时也会因虚构的想象而有损可信性，有些人会将恺撒大帝的征服与传说中英国亚瑟王或者高卢的阿马帝斯的功绩相提并论一样，伟大设计的精神已被证明为空想和浪漫的恐惧所遏制，人们已经满足于止息在严肃和被认可的古老教条中。）

但有最凶之事，即阻知万物乃在人从鬼神异端与教事互参，即甚难也。古时希腊国有人试考迅雷烈风之源，固[1]即定罪，告为鬼神之敌。又人言地圆如球，有人在对面，彼足与我足上下相对，即被人重责。如新制千里镜[2]士，名加力略[3]，因罗马狱，因言地球自转本轴，彼致受刑三年[4]。盖古时格学与教事互参，即结此果之大源也。

又有文学会之规条[5]，亦多阻识见前行。在欧罗巴学宫、学塾之中，若有修整[6]格学之事，如烙印新事[7]，今人惊怖共[8]逆真理之意[9]。设有敢自主议论何事，则不可望人勉励。设彼坚定独立，如冒险而失名利。凡事阻；一定之规平直通行，既不偏于左，亦不偏于右也。如此人怀才，欲试有路可行，而究未能大行矣，因为疑惑之事重陷于下。窃恐至今犹存。惟要遵夫古制，循乎习俗，不欲大为开新、振兴格学也。

培根曰：格学时凡有力整顿，毫无嘉惠。夫加增聪明

---

[1]固，固然、必定。

[2]千里镜，即望远镜。

[3]加力略，Galileo Galilei（1564—1642），现通译为伽利略，意大利数学家、物理学家、天文学家，近代科学革命的先驱，曾改良天文望远镜用于观测天体，发现了许多新的天文现象。

[4]伽利略因发表《两大体系的对话》，支持日心说，被罗马宗教裁判所裁定囚禁三年。按Hoppus原文，是每周重复诵七首忏悔诗一次，持续三年。

[5]文学会之规条，Hoppus原文为the customs of learned societies（学界的惯例）。

[6]修整，整治、约束。

[7]烙印，疑为“刊印”之误，即发表新发现、新想法等。

[8]共，疑为其。

[9]在欧罗巴学宫……逆真理之意，Hoppus原文为：In the schools and universities of Europe, scarcely any room was given for improvement, which was branded with the invidious name of innovation, an alarm that could not but prove fatal to the interests of pure truth.（在欧洲的学校和大学中，很少有改进的余地，改进会被冠以易于引人反感的创新之名。这一警报表明追求纯粹真理具有灾难性的后果。）

之力，由君子竭力而成，惟酬劳苦，则在俗民之手耳；且褒奖之词亦不给，因有才飞高，迥逾[1]寻常，则俗民所不能接[2]，亦因所胜之诸疑即不顾也。[3]

至终格学囿于役中，致绝望得成之意，又思竭力作工而竟无能为矣。

以上诸因，培根新著之书所言，即人趋向见识与格学乃为恒有差谬、模糊之大源也。

1877年第八卷，光绪三年八月

[1]迥逾，远远高出、超过。

[2]接，接受。

[3]因有才飞高……诸疑即不顾也，Hoppus原文为：since the flights of elevated minds are above the reach of the crowd, and are disregarded through the force of prevailing prejudices.（因为高明的思想超出了常人的范围，并且由于流行的偏见力量而被忽视。）

格学振兴希望之基　〈第〉六段

夫著书者后论格学振兴有希望之基，反[1]我识见大总修整也。如修驶船之法，即为格学获益之预兆，足以广我见闻，亦足以扩我智识也。

倘我正见前之差谬，即可冀[2]其修整也。古时有雅典士[3]，勉励本籍人民奚必丧胆，凡攻击对敌，彼前衰败，由此可为后胜之兆，因彼前怠惰而使然也；反〈之〉，若前时竭力殚心[4]而犹不得成功后，即能失望矣。今论格学，若人曾行正路而不接到，奚奇哉？但人舍其正路，不能相接，必当归正路，自然得意。格学真法，如蜂工夫，即飞翔乎稻田花园间，采取料作[5]，由本力融化，酿成甜蜜也。培根曰：格学之料，由万物中慎而集之，而在慧心中融化，终则涵于记臆[6]。意谓格学振兴有希望，使事物相合，乃前所分离者，即以我见闻与我筹度、猜论[7]相合也。希腊

[1]反，同“返”，回到。

[2]冀，希望、期望。

[3]Hoppus原文为Demosthenes，德摩斯梯尼（前384—前322），古雅典雄辩家、政治家。

[4]竭力殚心，用尽力气和心力。

[5]料作，上海方言，指各种材料，如布料、木料等。

[6]记臆，Hoppus原文为memory（记忆）。

[7]筹度、猜论，Hoppus原文为calculation and reasoning（预算和推理）。

学塾则格物事与外杂事交和，独在清疏而未考究之，如亚里斯度得有辨论之道而变坏之，亦有彼拉多士杂鬼异端同然；更有后士[1]谓格学即从数理而出，反有时士[2]正言数理非生格学而惟终成之。其意谓万物之实与律，独当查察，乃在天地之中，后则可数理计算而广量其物。故人归至格学，有洁清独在之法[3]，即更为希望之源焉。

著书者又言，可望有格士精奥之才将生，自放胆充足，以离去久遗俗论。斯时此等人还未有，惟〈其〉意若预言也。盖培根殁[4]后未几时，有伟名钮敦者出，如日照地，从彼渺茫虚诞本性渐至真理真光。彼所指者，如彗星之道，从远测量，佥[5]知矣。

设考察万物，若有更美，置定纲目[6]，即可希望大益。向者万物之事，就俗人所言，其基惟在懒于见闻与谣言惑众而已，悉用以巩固格学，贯通全意。凡论天地之事，几若杂而不清，则细加勘考、实事试行，可望获益。培根所著之书亦稍有此等纲目，惜乎真伪互见矣。

若有工艺之试行广而且多，更潜心此事，可望有益。作工者甚思己工，非大系查察真理也。惟为修整之意，必

---

[1]Hoppus原文为the second school of Plato, Proclus, and others，指新柏拉图主义者普罗克鲁斯等人。普罗克鲁斯（Proclus，410—485）是希腊数学家，新柏拉图主义信徒，担任过新柏拉图学园的教师、负责人。

[2]正言数理非生格学而惟终成之，是Hoppus的原话，未标明出处。故此处“时士”很可能指Hoppus。

[3]洁清独在之法，Hopppus原文为pure and separate form（纯粹和独立的形式），即在自然界中独立探寻自然事实和律则。

[4]殁，死亡。

[5]佥，皆、都。

[6]纲目，Hoppus原文为history of nature（自然史）。

当试行，虽不即合手[1]利，究增我智识也。

培根曰：必当以推论之法加于所集见闻之事。其意乃我所趋向欲得智识者，即从稍些之事，必当辨论至大总之理，由此可有大望矣。若欲成此法，则格学之料必当悉笔于书，即大总之理所建于实事及见闻为基，不必独恃记臆，因其所缺概为意[2]度补足。若要此法成全，必当由纲目陈列实事，更觉罗罗[3]清疏矣。从此纲目，宜有公论详细而成，由略端而升归赅论也。[4]夫有士炼金烧丹等，以偶然有足用之事而查出之，若勤慎与循法，可望新制更多而且便也；若人谨慎聪明查察，更可以寻着，非若模糊偶然之法可得也。

有事查出前时未料者，此亦希望之基耳。第事若有人预言者，然有人轻而忽之曰：难为哉！譬若火药未曾查察之前，若有人曰“有法可攻城垣[5]，击破营垒”，或思此事，惟以恒用之量，更加其力可成。惟培根曰：无人思及必有发火之气吹，有猛烈亦未得见之式，纸[6]在暴风、迅雷、地震摇撼，岂人所能效法哉？古人若见蒸气广开之力而今大用，以为妙提斯力可爆开，即为甚害也，亦犹可随

[1]手，应为乎。

[2]意，应为臆。

[3]罗罗，疏朗清晰。如清代朱彝尊《疏影·黄梅花》：“横斜满院，见蜂须乱叠，莺羽新剪，冷缀苔枝，疏影罗罗。”

[4]从此纲目……由略端而升归赅论也，Hoppus原文为：from these tables axioms, or general principles, should be carefully formed, gradually rising from the less to the more general（依据这些表格，公理或一般原则须细致形成，逐步从低级上升到较高级的普遍）。

[5]城垣，城墙。

[6]纸，应为只。

意范围，可作大用之事。[1]如蚕吐丝，亦可罕譬而喻[2]。且罗经[3]未创之前，若有人曰：有一器将要显明，即在沧海，又在黑夜星月全无之际，而能细指方向，其器正足用也。在他物则易于忽略，或曰此事不信。由此诸事可辨，于万物之间余下有物获益于人，比今已察之不同也。

更有制造之物，因为无法，故能[4]易见，虽在目前[5]。如火药、蚕丝、罗经、蜜糖、纸等，似系万物所载之性而成也[6]。更有事〈如〉刻镌于字，乃为明晓，人力易成；究世界历代所全无，虽慧法通开[7]。为此有希望格学修整，不独探索天地还不知之功用，而后可查出，亦自我已察之功用与

---

[1]古人若见蒸气……可作大用之事，Hoppus原文为：Perhaps, to the ancients the expansive force of steam, now so extensively employed, would scarcely have appeared less wonderful, which, while it possesses such amazing power as to produce the most terrible effects when allowed to explode by being confined, is yet capable of being regulated at pleasure, and directed to an immense number of useful works with the greatest advantage.（也许，对古人来说，现在广泛使用的蒸汽膨胀力，似乎再也不会显得不美妙了：当被限制爆炸时，蒸汽具有如此惊人的力量，产生可怕的效果，然而它可以被随意调节，以巨大的优势直接用于大量的有用工作。）

[2]罕譬而喻，说话用不着多比方，都能听懂，形容话说得明白透彻。

[3]罗经，即罗盘，用于指明方向的仪器。

[4]能，应为不。

[5]更有制造之物……虽在目前，Hoppus原文为：there are inventions of such a kind as easily to be overlooked for want of method, though they may almost, so to speak, stare men in the face（有些发明，因缺乏方法而很容易被忽视，虽然它们可以说几乎就在人们的眼前）。

[6]系万物所载之性而成也，Hoppus原文为：depend on certain properties to be develop by Nature herself（依赖于大自然自身发展的某些特性）。

[7]究世界历代所全无，虽慧法通开，Hoppus原文为：nevertheless, the world was for many ages destitute of this admirable invention, which is so intimately connected with the propagation of knowledge（尽管如此，世界空过了这么悠长的岁月，没有做出这个与知识传播如此密切相关的令人钦佩的发明）。

律法迁移、相合，几类并用也。[1]培根又恩[2]，久时多才多利于此在无用之事，如术艺、星气、象数等事；若是有此勤苦，稍用于正事、正法，可冀大有功效。特有广大而劳工以成纲目，系乎天地实事功用，即为大望之源也。

培根指出己之行为，即证人之见识可增而修整之，以勉[3]人绝望。彼指己型[4]，非欲虚誉，特为有用之故。彼言行于政事，无人可逾[5]也。按，彼官至刑部尚书，是年即著新法一书也[6]。偶抱微疴[7]，无人扶助，彼有福领未行之路，以指后人步趋之法。况手[8]暇人之用工夫，合成希望若何？各指[9]各事，夫历代后亦有机会，可成至终。又云，虽彼所望格学振兴，其基略减[10]，究人应用新法以查察之，由彼作工必定可望获益；反之，则绝望矣。若不竭力潜心于格学，即至引蒙

[1]为此有希望格学修整……几类并用也，Hoppus原文为：Hence a ground of hope that science might be improved was to be drawn, not merely from the consideration of the unknown operations of nature hereafter to be discovered, but from the probable result of transferring, compounding, and variously applying those laws and operations which were already known.（因此，可得出科学有望振兴的根据，不仅仅出于考虑到今后会发现未知的自然活动，而且还出于对已知规律和活动的转移、组合和各种应用。）

[2]恩，应为思。

[3]勉，应为免。

[4]指己型，Hoppus原文为introduces his own example（以己为例作说明）。

[5]逾，超过、胜过。培根在《新工具》第一部分第一二三条自言他是国务最忙的一个。

[6]此处有误。培根1618年担任英国大法官，《新工具》出版于1620年，两者相差两年。Hoppus原文未明确说《新工具》是培根在任英国大法官的当年出版的。

[7]微疴，小病。

[8]手，应为乎。

[9]指，应为职。

[10]彼所望格学振兴，其基略减，Hoppus依据《新工具》第一部分第一一四条的“由新大陆向我们吹来的希望风信即使是较其实际为微弱而难于觉察”，认为培根暗示了推进科学发展的希望比他认为的要低一些。

昧差谬之路，岂非不合人心之尊贵也哉？

1877年第八卷，光绪三年八月

推论新法略言　〈第〉七段

《格致新法》之书，其末卷[1]指阐天地之新法。是卷宁戒怀厥谬望而不显其法，即于后二段而成也[2]。培根曰：我已铺平而滑境[3]矣，惟置于正向可直照，所提之事亦然；故我当言明所提之真意也。著书始论，又戒阅者非思彼开新教，依古时希腊人。彼志趋向合乎大智者，非掺权人意，惟领彼[4]入真理殿，由其圣〈殿〉中可得盔甲，辅彼广开人权在天地之间；不在喧嚷辨驳之争，只在胜于人之蒙昧、疑惑、差谬也。虽培根推却欲立新教，必当认彼士此职有最美之意。[5]盖若我要指今之格士，与古之格士相较，必称彼[6]培根之徒。培根亦当斯名，为格学之祖。惟自谓我

---

[1]末卷，指《新工具》第二部分。

[2]是卷宁戒怀厥……后二段而成也，Hoppus原文为：This, however, is done rather by way of guarding the reader against erroneous expectations than by developing the method itself which he reserves for the second part.（但这部分主要使读者防备错误的期待，而不是提出方法本身，他将提出方法留到书的第二部分。）

[3]境，应为镜。

[4]彼，指人们，与同句中前一个“彼”指培根不同。

[5]虽培根推却……最美之意，Hoppus原文为：Though he thus disclaims the idea of attempting to found a new sect, it must be allowed that he possesses that honour in the highest sense.（因此，尽管培根拒绝尝试建立新哲学派别的想法，但必须给予他最高意义上的荣誉。）

[6]彼，指“今之格士”。

意欲播真理之种以益后代，亦不缺所助，在大功之始也。[1] 培根亦愿所阅者不欲疑诱[2]彼所荐之法，亦不欲失信彼法，因见无有奇事查察者。此非彼本意，乃更为大略之事也。彼所著之书，虽指新查之事，惟在彼时所集之实事不足助人获益，以始阐天地万物。究彼不欲人失胆，试观查察在已知之根，又用其纲目拾级[3]，但彼大意仍备路，后日可整理也；亦不欲弃此意，因有草率戏玩之故，如古时寓言，有妇趋路，时屈身俯拾金果，即失趋路之事[4]。彼曰：我非小孩望得金果，惟以工艺胜于万物为最也。

彼后戒阅者观其纲目拾级，有数试行者或有似无全证，或为全伪。在格学初时必有可望此差谬，培根之事亦无不有也。但因此稍些之差谬，不当疑惑彼所新制者有差谬之基、未定之理。彼亦曰：若有人厌其误阐天地之实事，即当思前作之法乃缺而不束[5]若何，又当思其理、其学造于此浮沙之法又若何。人不欲离推上之法与其所要之试行者，似有细微习俗之式，因言及诸事，如人已经明晓，

[1]惟自谓我意……在大功之始也，Hoppus原文为：He, however, contents himself here with aspiring, as he says, "only to sow the seeds of pure truth for posterity, and not to be wanting in his assistance to the first beginning of great undertakings."（但他在这里满足于自己的愿意，即如他所说的：“只为后世播撒纯粹真理的种子，而不想在他的帮助下成为伟大事业的开创者。”）许宝骙的译文是“培根只想尽到开创伟大事业的责任”。见许宝骙译《新工具》一一六条。

[2]诱，应为惑。

[3]拾级，逐级登台阶。如《礼记·曲礼上》：“拾级聚足，连步以上。”

[4]此寓言为古希腊传说中阿塔兰忒（Atalanta）与金苹果的故事。具体参见《格致新机》第七十条“古女之喻言”的注释，在正文第40页。

[5]缺而不束，Hoppus原文为remiss and negligent（疏忽而随意）。

究不大知，即成其害。[1]如彼时格学，地球牵引之力、天星运动、寒暑、刚柔等事，皆为人执而言之，亦未必甚晓耳。人当俯下，留心庸物与不悦我五官之物，即得聪慧。培根曰：我意非是建造京都、峻塔，使人荣耀，但期造宇宙之殿于人慧之中也。人不当思如俗民，易度细微之物甚渺[2]也，乃亦难究之，宁要用力加我见识之料，燃火可察天地，又阻我性之躁，急欲得今时之益[3]。若人不欲顾推论之法所定公论、谨慎之理，似无用纤微之事，即可[4]前士纤微之事全属渺茫，如无果无末也。[5]

或有人思此事即放胆敢为，乃一笔勾消诸学与古格士，未准有一古士著名之权，亦只恃己之力量。所著之书若欲为不实，即不难劝人：彼所试之事，惟振兴古时格学

[1]人不欲离推上之法……即成其害，Hoppus原文为：Nor are men to turn away from the inductive method, or from the experiments it demands, as if in some cases it dwelt too much on what might seem minute, or trite and vulgar；since great mischief has arisen from many things having been spoken of as known and ascertained, of which, in fact, little was understood.（人们也不应该回避归纳方法或它所要求的实验，在某些案例中，它似乎过于强调看似微小、陈腐和污秽的东西；因为巨大的损害产生自许多被当作已知和确定来谈论的事情上，事实上，人们对这些事情几乎一无所知。）

[2]渺，渺小。

[3]宁要用力加我见识之料……今时之益，Hoppus原文为：they ought rather to consider that, for a time, efforts should be made to increase the materials of knowledge, to kindle the light by which nature may be examined, and that a too great impatience for immediate advantage should be checked.（他们应该考虑，在一段时间内，应该努力增加知识的材料来点燃检验自然的光，以及努力抑制对眼前利益的过分急躁。）

[4]可，认可、赞同。

[5]若人不欲顾……如无果无末也，Hoppus原文引用《新工具》第一部分第一二一条：If any one should be inclined to disregard the cautions, principles, and axioms laid down in the method of induction, as needless subtilties, what would he say to the schoolmen, who are full of subtilties, " without end as without fruit ?"（如果有人倾向于将归纳法中所定的告诫、原则和公理漠视为无用的精微，那么他对溺于精微的经院学者是否会说："如同不会结果一样，也没有结束？"）

之法，即希腊士引阐天地之法，吹起角玩。培根既精熟古时之遗传，乃即喜悦古人，易率于左右，又使其法俾人所悦；虽无夸张粉饰，今为新造之像。[1]惟培根甚脱诸疑之轭[2]，专从真理。彼轻忽万有假冒而赖[3]万物之真理，其意置于目前，非若所造世之伪形[4]，即古时亚里斯度得、彼拉多等士所作模范，但欲置世之真法乃[5]在天地之中，即画真理直线[6]于人目之前也，此乃如羲经[7]所载太极、无极[8]等是已。

更有辨难，乃虽用劳之，力触人恃格学依此新法，恐

[1]培根既精熟……今为新造之像，Hoppus原文为：well acquainted as Lord Bacon was with the mythology of the ancients, it would have been easier perhaps for him to have gained over the admirers of antiquity by this expedient, than to render palatable a system which presented no gaudy and alluring theories, and which came out entirely as a modern innovation.（培根勋爵对古希腊神话很熟悉，他如果要用权宜之计来赢取崇拜古代的人，可能要比提出一个既不华丽又不诱人的宜人的理论体论更为容易，而这个体系整个就是现代创新的产物。）

[2]轭，束缚。

[3]赖，倚赖。

[4]世之伪形，Hoppus原文为the mock model of the world（关于世界的虚假模式）。

[5]乃，疑衍。

[6]真理直线，Hoppus原文为the exact lines of truth（真理的精确界线）。

[7]羲，即伏羲，传说中上古的三皇之一。羲经，此处指《易经》。但相传伏羲画八卦，周文王作《易经》，《易经》并非伏羲一人所撰。

[8]“太极”最早见于相传孔子所作的《易传·系辞上》中；“无极”则在先秦时已经大量使用，如《庄子·逍遥游》“犹河汉而无极也”。将“太极”“无极”与《易经》直接联系起来的，最早很可能是《太极图》。据记载，《太极图》为宋朝道士陈抟所传。

至终仍归古士之法。[1]此[2]士始焉探索，多集见闻试行之事著于纲目拾级之中，依今所作之法，由此推出其意，惟细料不用，故彼见闻之事已失[3]，如造房屋者，俟屋建成，即拆架迁移。嗣后覆其辨难，即不思古人如不合者，成其工无所集之料[4]，究观其书，即知推论之法：从稍些之事万[5]至大总之理；若遇新事，仍执本然之意，或试之彼若相合，或尽弃之，要万理归下所有相合之式，于其所喜意。[6]培根力辨自所提之法，乃坚执万物当然之理，即行克去彼

[1]更有辨难……仍归古士之法，Hoppus原文为：Another objection, which it is supposed may be alleged, is, that, notwithstanding all the labour here employed to impress on mankind this new method of studying the Sciences, it will probably do no more than land us at length in some one of those systems of philosophy which prevailed among the ancients.（另一种可能被提出的反对观点是，尽管这里的所有工作都用于让人类铭记这一研究诸科学的新方法，但它可能只会使我们最后只达到在古人中曾盛行过的那些哲学体系中的某一体系。）

[2]此，应为古。

[3]此士始焉探索……故彼见闻之事已失，Hoppus原文为：they, in the beginning of their investigations, procured a large stock of observations and experiments, and digested them into books and tables, as is here recommended, and from these sources extracted the matter of their theories；but thinking it needless to publish their notes and minute observations, those materials of their labours are now lost to us.（他们开始调查时，收集了大量的观察和实验资料，并如这里的建议一样，将它们整理成书或者表格，从这些资料中提炼出他们的理论问题；但认为不必发表他们的记录和微小的观察，他们的这些劳动资料现在对我们来说已经佚失了。）

[4]即不思古人……所集之料，Hoppus原文为though it is difficult to suppose the ancients completed their works without some such collection of materials（尽管很难想象古人在没有这些资料的情况下完成他们的作品）。

[5]万，应为迈。

[6]若遇新事……于其所喜意，Hoppus原文为：and if any new examples occurred, bearing an aspect hostile to their favourite ideas, they either contrived to make them seem to square with these, or else struck them out as exceptions, thus sacrificing every thing to their beloved theories（如果有不利于他们喜爱的想法的新事例出现，他们要么故意使它们看起来与这些想法一致，要么把它们作为例外剔除，从而为他们钟爱的理论牺牲每件事）。

与古人接至结局所有相合之式。[1]

且依此法，未曾推论其终意，必先探万物，乃引至无信之道[2]。此事非因不使人令[3]疑，反使人依理疑之。宁可知事遵一定之法，不思己之全知，而不当自思全知，究不知我当知之事。[4]且若有人思所提之法惟系整理格物之学，培根告阅者曰：其意乃为佥相关也。推论之法在诸学中便用，乃系性理、政事、化学、植物及凡有见识也。

所著之书第一段[5]之中，谆[6]劝诸学依此智慧之法。彼力言查出真理与有用新制者，即在人所行之中为至美也。古时虽有诸谬，〈然〉明识此意，因工艺中有新制之人，即封为神，如有人始予火于人，如燧人[7]是已。惟作律法开国之君，只献豪杰之名。培根云：格学新制之物，至末日

[1]培根力辨自所提之法……所有相合之式，Hoppus原文为：Now the very method here insisted on, Bacon argues, of rigidly adhering only to those principles which are common to all the particulars and examples, precludes the possibility of arriving at the same results with the ancients.（培根争辩道，由于在这里坚持的方法严格坚守那些原则应为所有细节和例子都要共同具有，排除了与古人取得相同结果的可能。）

[2]无信之道，Hoppus原文是Scepticism(怀疑主义）。另，原文用“○”与下文相隔。由于下文同为分析与怀疑论的差别，现将此段和下文合并。

[3]令，应为生。

[4]宁可知事遵一定之法……究不知我当知之事，Hoppus原文为：it is preferable to know something in a certain manner without supposing we know all, than to think we know all, and yet remain in actual ignorance of that which is most necessary to be known.（宁可以不假设我们全知的方式来知道某些事物，也比我们自以为全知但实际上对最应当知道的事一无所知要好。）

[5]第一段，指《新工具》的第一部分。此处的“段”与此文小标题的“段”含义不同。

[6]谆，诚恳、忠诚。

[7]燧人，传说中的三皇之一燧人氏。据传说，燧人氏教会人们钻木取火，是人工取火的发明者，被后世奉为“火神”。Hoppus原文所举为Prometheus(普罗米修斯)。在希腊神话中，普罗米修斯将火种偷给人类。埃斯库罗斯在《被缚的普罗米修斯》中将他称为神。

使群黎[1]获益；惟宰相、将军所成之益多列暂荣[2]，或因喧哗争兢[3]、焚屋而生。如新制印书、指南针，其益无量，由此而便于贸易，普通[4]天下。凡有学问亦由此推出，暨[5]世界内心、外表随事变化[6]。整理者又云[7]：振兴格学之事，即如谋度更尊，多于私心、名利以致有爱国之忱。[8]培根私以名利、习俗卑微，其爱国之忱举本国于万民之中，虽为更尊，亦与贪欲同然[9]，但若有争力以万民，复整广大之权至于万物之间，此谋愈慧愈贵。奚疑哉！夫此权全在诣[10]艺诸学为茎[11]。培根曰：终言若人辨难其艺、其学，窃恐坏而成恶事也，如声色货利等，此难事不当会意。其难均系世间万般至大之事，如人才、壮胆、身力、美丽、

[1]群黎，万民、百姓。

[2]暂荣，短暂的荣誉。

[3]兢，应为竟。

[4]普，普遍；通，连接、交通。

[5]暨，和、同、以及。

[6]世界内心、外表随事变化，Hoppus原文为：the face of the world has been changed, in all its features, physical and moral（世界的面貌在所有的特征上得到了改变，包括肉体和道德）。

[7]整理者，指Hoppus。“又云”后的话，是Hoppus对培根原话的概括。

[8]振兴格学之事……致有爱国之忱，Hoppus原文为：The design of promoting the advancement of the sciences is further pronounced a far nobler object of ambition than either private aggrandizement, or even patriotism itself.（推动诸科学进展的意欲被认为比个人的权力扩张，甚或爱国主义本身等野心更为高贵。）

[9]培根私以名利……亦与贪欲同然，Hoppus原文为：" The first," says Lord Bacon, " is vulgar and degenerate ; the second, that is, the ambition of those who endeavour to raise their own country in the scale of nations, is more noble, but has not less of cupidity..."（培根勋爵说：第一种野心，即个人扩张权力，是鄙陋和堕落的，第二种，即在国家规模上扩张他们自己国家的权力，这种野心虽较为高贵，但并不缺少贪欲。）

[10]诣，应为诸。

[11]茎，应为基。

富有，亦至光明也[1]。天下军民复操夫[2]权于万物中，本属造〈物〉主者[3]之恩而予于彼，迨后有正情之理与正学之教[4]，要整其用也。

以上诸论，巨才者指人凡所有差谬诸因恒力阻格学之路，又勉彼望获更明之时，亦教后日彼证识见真理，则更有得意之法也。

《格致新法》终

1877年第九卷，光绪三年九月

[1]意谓人才等好的事物，以及光明本身，都可以成为恶事。

[2]夫，疑衍。

[3]造〈物〉主者，原文为Maker（创造者）。

[4]正情之理与正学之教，Hoppus原文为right reason and sound religion（正确的理性和健全的宗教）。

格致新法
（《万国公报》版）

《格致新法》除了在《格致汇编》连载，1878年还在《万国公报》五百零五卷至五百十三卷的《政事》栏连载，每卷所载内容均列有标题，未署名。与《格致汇编》的刊载相比，此版在结构和文字上均有一定的差别：在结构上，增加了“小序”，但没有“总论”“推论新法略言”；在文字上，如“伪学数等 〈第〉三段”中，《格致汇编》版写道：“其二，乃不足据之学。即从稍些试行而发，虽作精细，而究不全。此人猜议天地万物有四行，如西前水、火、气、土而成，与中谓五行仿佛也。”而《万国公报》版则为：“其二，乃不足为据之学也。即由稍些试行而发，虽为之者精细微奥，而究不全矣。斯人也，只猜疑夫大地万物有四行，如前西国以水、火、气、土而成，即中国所谓五行者仿佛焉。”两者相较，《万国公报》版文字更为顺畅。类似的不同甚多，不便与《格致汇编》版合在一起。考虑到《万国公报》发行量大，故予以单独整理。

李天纲编校的《万国公报文选》（上海：中西书局，2012年）曾选录了《万国公报》所载的《格致新法》，缺五百十卷及五百十三卷刊载内容。为方便读者，现予以重新整理校注。

整理校注时，原文每卷的标题处理为小标题。原文刊发时，有些“段”或用“〇”作分隔，或直接另起，整理时改为通行的段落形式；对原未作分段处理的“段”，校注时加注说明，并由校注者根据文意及Hoppus原文划分段落。原文缺字用“〈 〉”增补。

目　录

培根《格致新法》小序 / 136
弁言　〈第一段〉/ 138
心中意像或名诸疑大源　第二段 / 143
伪学数等　〈第〉三段 / 147
伪学形迹　〈第〉四段 / 150
格学差谬诸因　〈第〉五段 / 153
续《格学差谬诸因》　〈第〉五段 / 156
格学振兴〈有〉希望之基　〈第〉六段 / 160
续格学振兴有希望之基　〈第〉六段终 / 163

培根《格致新法》小序[1]

尝思治平之学[2]，格物为先，而制造之方，致知尤赖，所以格致一门尽人所宜讲求，亦今日所为急务者也。夫《大学》所谓物格致知、本末兼赅，不独系乎性理，又系乎天地万物备于我前，必当考其底蕴，知其义理，功用大矣哉。然而华士素[3]所心究者，鲜矣。或曰：未尝学问，向遵古训，不尚奇巧；或曰：斯理深奥，殊难索解，谁可探索其蕴？人虽交乎天地之中，而四方妙旨大用，莫不加察。西国夙昔[4]士人亦然。设有考究天地功用、内心理学，则必依前人之遗传，鲜有作新之妙意，不知其间诸谬，亦无实用攸关之事焉。逮夫明季有英士，名曰培根，官至尚书[5]，学问淹博，著书富有。其《格致新理》[6]一书尤为推重，其意更易古昔之遗传，尽人探求天地万物，兼综条贯，精察物理，岂可茫然莫辨，徒从古昔遗言哉？是书声名洋溢，始焉虽若扞格不入[7]，而于二三百年之间，凡有志

[1]小序为中文译介者所添加。

[2]治平之学，为《大学》治国、平天下的简称。

[3]素，从来、一向。

[4]夙昔，从前。

[5]培根的最高职位为1618年担任英国大法官，类似于中国传统的尚书。

[6]《格致新理》，即《新工具》。

[7]扞格不入，过于坚硬而难于深入，形容彼此意见相互抵触，格格不入。

修明[1]〈格致〉者，莫不奉为圭臬[2]。今余翻译华文，逐渐登报以博众览，俾好学深思之人考订有具[3]，非凿空为难耳。惟愿人人通晓新法，不[4]求精而日精者矣，将见人才辈兴，政务裨益。夫岂寻常学问所可同日语哉！

五百零五卷，光绪四年八月十八日

[1]修明，发扬光大。

[2]圭臬，指古代测日影的器具，后引申为奉为准则、法度。奉为圭臬，比喻把某些言论或事物奉为准则、标准。

[3]具，疑为据。

[4]不，疑衍。

弁言[1] 〈第一段〉

夫《格致新法》全书，分作两大段[2]，第一段指引第二段，盖欲预备人心承接第二段之道，传述新法以阐天地之功用，而扩世人之权于其上矣。是书分析诸节，又名“公论”[3]。今只论其总意，使人人咸晓之。

按，其初公论共有三十七条，即全书之纲领。其旨大略欲解古人疑惑[4]，而令人留心新法焉。盖培根深虑格学之法未能尽善，人每[5]考察功效浅鲜。逮[6]夫明季，是书出也，乃智识与操权有果然耳[7]，然未深知夫天地之功用，岂能大操其权耶？若不用新法以振诸学，此必恒有之矣。苟未能振兴，若素留于偶然之事，每因后代只覆[8]前代，而

[1]弁言，引言、引子。Hoppus原文为General Prefatory Remarks（导言、评述）。又，本部分原文不分段。

[2]培根《新工具》分为两大部分，第一部分130条箴言，第二部分52条箴言。此处“两大段”指两大部分，与各小标题中的“段”所指不同。由于此译介只节译了Hoppus对《新工具》第一部分的导读，各小标题中的“段”是对《新工具》第一部分所作的内容划分。

[3]关于“公论”，参见《〈格致新机〉重修诸学自序》中的注释。

[4]疑惑，Hoppus原文为prejudice(成见)。

[5]人每，即人们。

[6]逮，及、等到。

[7]乃智识与操权有果然耳，意指培根能写出《新工具》，是因为当时的知识和科学（knowledge and science）已经有了一定程度的发展。

[8]覆，同“复”，重复。

即为安足虚伪格学、刁诈之法，当弃乎他法而更循乎实理也[1]。万物之学，培根以高塔罕譬之[2]，当以万物之理为基。设有人试行建造，惟以心中猜议之力，实属虚而无所用矣。若欲实扩乎识见[3]，其独一企望[4]必由试行之法。斯意第以每事两端、反正，其数甚足，然必当查察而扫除余事，迄终成为便用之理，更精探索矣。按，推上之理论[5]于著《格致新法》时，其诸习俗之念虑大为不足，如系地中之力、互相牵引、元气、五行等语，悉属影响[6]虚诞[7]。夫人之意见，多系衷怀[8]所提起，与辨诘之法[9]，虽不能大为欺诬，而因格学伪法以致扰乱昏昧。设我目睹之物，或思其像于我心，若有马像在焉，不然奚能见马哉？反之所见，即中藏实意。惟如何从物贯通我心，令人索解殊难耳。

前考真理之法，即浅视几希[10]之物，由此欲推上归于公论、终旨[11]。惟培根言独一真法，渐次升高，乃从目睹耳闻

[1]当弃乎他法而更循乎实理也，Hoppus原文为to the neglect of one more genuine and scientific（忽视了更真实和科学的方法）。

[2]罕譬之，即罕譬而喻之，指说话用不着多比方，说得明白透彻。

[3]识见，Hoppus原文为Knowledge（知识）。

[4]企望，Hoppus原文为hope（希望）。

[5]推上之理论，Hoppus原文为inductive principle（归纳的原理）。

[6]影响，指传闻不实或空泛无据。如严复《救亡决论》：“方其为学也，必无谬悠影响之谈，而后其应事也，始无颠倒支离之患。”

[7]如系地中之力……悉属影响虚诞，Hoppus原文为：those, for instance, relating to gravity, attraction, the elements, matter, form-all these, and many more, as taught in the sixteenth century, were but ill-defined and fantastical notions.（比如，16世纪所教的诸如地心引力、吸引、元素、物质、形式等概念，甚至更多，都只是含糊的、空想的。）

[8]衷怀，内心、心怀。

[9]辨诘之法，Hoppus原文为reasonings（推理）。

[10]几希，极少。

[11]公论、终旨，Hoppus原文为general axiom or conclusion（普遍公理或结论）。

习熟之物，即以最小之公论，而后升至最高之总论[1]，致成全赅之大道[2]也。若惟寻究乎前法，此有巨力以阻我识见与格致之学也。夫格学大意，即欲目睹万物，乃当循夫天地之实像，而不依揆先[3]之虚形也。培根曰：世人之意像较上帝之意像大有区别；盖彼乃怀虚空之念，而此乃存真实之思印于万物之中。此事可证矣。如古昔多禄谋[4]天文之学，其根于假冒之意，故所见星辰之运动而以为实在之运动也。试观每日日月星辰运夫地球周围，从〈而〉可知地球居其中而俱绕其周围而运之也。反之，精细考察，其真理有不然者：盖太阳居于中而较地球所行则必静矣。培根曰：先揆天地之功用，虽属草率无理而究有力，足以感触人心之会意，即宁喜自猜微妙之事；而参天地之道，反从诸物渐相会集考察其理，夫岂能骤触于人心哉？迨其终意，恐阻疑惑而视之若为奇甚，俾人不肯收纳耳。虽有诸端可作凭据，如圣教中最奥之事，尤令人茫然不解其妙旨焉。

上论先揆之法，即定天地之功用，果当何如耶？但终不振兴实学，虽有高才著作亦未能成矣。盖前丹国第

---

[1]最高之总论，Hoppus原文为more general principle（更普遍的原理）。

[2]全赅之大道，Hoppus原文为 grand and final conclusion（涵括范围大的最终结论）。

[3]揆先，依下文“上论先揆之法”及其意，应为“先揆”。先揆，指先行的猜度或揣测。

[4]多禄谋，即克罗狄斯·托勒密（Claudius Ptolemaeus，约90—168）。托勒密继承了亚里士多德的地心说，利用前人积累和自己长期观测得到的数据，著成《天文学大成》，提出了地心说天体模型。在这模型中，地球静止不动居于宇宙中心，各行星都在较小的圆周（“本轮”）上匀速转动，而“本轮”的中心又以地球为中心而略有偏离的圆周（“均轮”）上匀速转动，只有太阳直接在“均轮”上绕地球转动。

谷[1]士，先揆天地之功用，思及地球之恒静乃为真理。彼悉行星运动，故不能思太阳居其中而欲申明己意，即地球不动。彼思太阳与诸行星每年绕于四周，而其行星旋乎轨道，在太阳之外。彼已弃丹国格白尼[2]士之道，即地球每日自转其轴，而执拗多禄谋大谬之法，即揆宇宙每日运动地球周围焉。更有德国之士名刻白尔[3]者，与培根同时人也，彼思诸行星必有六数，其轨道必有一定之长短，因此数自有定性、定形，行星与彼必当相合矣。此诸猜疑悉载于书，刊行于明朝万历二十有二年也。[4]书竣[5]，赠于第谷士，彼将答曰：当见天地功用以作实基，由此推上之法，试归于万物诸用。[6]此诚美意也。刻白尔从之，而考察更实之理。彼用第谷士所见天文之事，又考出行星运动之法，

[1]第谷，Tycho Brahe（1546—1601），即第谷·布拉赫，丹麦天文学家和占星家，记录了大量极为精确的天文观测资料，发现了很多新的天文现象，如彗星比月亮远很多倍。但他不接受任地动说，持地心说，认为所有行星都绕太阳运动，而太阳率领众行星绕地球运动。

[2]格白尼，Nicolaus Copernicus（1473—1543），现通译为哥白尼，文艺复兴时期波兰天文学家，此处误为“丹国”。他著有《天体运行论》，提出地球是球形，地球24小时绕轴自转一周，太阳在宇宙的中心不动，地球以及其他行星都围绕太阳做圆周运动，只有月亮绕地球运行。

[3]刻白尔，Johannes Kepler（1571—1630），现通译为开普勒，德国杰出的天文学家、物理学家、数学家。

[4]Hoppus原书明确是开普勒的《宇宙的神秘》（*Mystery of the World*）。此书刊行于1596年，即万历二十四年，并非二十二年。开普勒当时因袭了毕达哥拉斯派和柏拉图派用数来解释宇宙构造的神秘主义理论，认为土星、木星、火星、地球、金星和水星的轨道分别在大小不等的六个球面上，太阳居于中心。

[5]竣，完成。

[6]开普勒将《宇宙的神秘》寄给第谷，第谷对他的数学才能颇为赏识，邀请他前往汶岛访问。开普勒最终成为第谷的助手。此处第谷的答话，Hoppus原文为：first to lay a solid foundation in observations, and then, by ascending from them, to strive to come at the causes of things（首先要用观察打下坚实的基础，然后依据基础作提升，努力得出事物的原因）。

自此即著其名矣[1]。后有英国海更士[2]，数理则[3]天文士，被其诱惑有同然者。按彼查察土星之一月，即加与木星之四月，及地球之一月，汇成六数，乃为行星[4]之数。六数意为全数也。故彼曰：其行星已察其全，而无有他数也。今共知此数之意，则大谬不然。夫培根被誉之事，乃试由人心撤去先揆棼乱之诸事，斯时若有大胜，然而格学著名之士多怀其前法也。而培根曰：若万世万人并其工而竭其才，惟循乎先揆之法者，必不能前行格物之学也。第因中怀初生之谬，即不能善为医治，至后日则更不能医也。若人不欲恒运于圆圈之中而亦无所前行，乃只有一法留存，即引人从考物物，至其循序相属也。彼当安足，暂离一己之私而亲悉诸物耳。夫今法始焉稍似不信者[5]之法，究大有区别，而后至终与其相反也。彼不信者如痴如呆一般，实无可知也。培根曰：第循素来之法，则能知者鲜矣；彼灭目耳与慧心之权，而我反两相辅助之焉。

五百零六卷，光绪四年八月二十五日

---

[1]第谷士所见天文之事，指第谷积累的天文观测资料。第谷后来将它们赠给了开普勒，而开普勒则运用这些观测资料进行观测和分析，最终发现了行星运动的三大定律，被誉为“天空的立法者”。

[2]海更士，Hoppus原文说是荷兰的几何学家和天文学家Huygens，所指应为Christian Huygens（1629—1695），现通译为克里斯蒂安·惠更斯。惠更斯是近代自然科学的重要开拓者之一：在数学上，发展了概率论和微积分的论著；在物理上，提出了向心力定律、动量守恒原理、光的波动说等；在天文学上，改进了望远镜和显微镜，发现了土星的卫星土卫六等。

[3]则，衍。Hoppus原文是geometrician and astronomer（几何学家和天文学家）。

[4]此处所说的行星，即现在所说的卫星。

[5]不信者，Hoppus原文为Sceptics（怀疑论者，不可知论者）。

心中意像或名诸疑大源　第二段

且夫世人格物之时，培根详细指示诸谬数源也。又著其诸谬之事，乃阻我扩增见识与得知真理者大矣。彼曰：其意像，或名心腔伪意，凝积于内。即不独闭户，由此而真理可入；但虽真理已入，若人非前知，勤慎防备，则必复来扰诸学之振兴矣。盖培根所著之书，此段奉为至宝而尤为最要，以人寻加见识与夫真理焉。故兹略言此事，俾[1]阅者知之。培格以意像之名，称其诸疑所阻真理前行者，因世人志向顺服，〈不〉遑[2]计夫真理也哉。如彼以当拜独一上帝之仪，而反献奉所猜之偶像也。夫诸疑分列四等：一，万人意像；二，各人意像；三，市井意像；四，士学意像。乃即差谬数源，当逾格[3]留心，因包括最大之故耳。盖彼志向意恒阻夫真理，或在本然，或在性理，如患瘟疫必当先清其内蕴，否则不能爽健得成之法，以查出真理也。或曰培根所提之规条，即格致之规条。彼所洁清殿宇非属天地，乃属心腔，故彼所颠倒之像皆在心中，乃未迁[4]

---

[1]俾，使。

[2]遑，闲暇、空闲。此处应为不遑，没有时间、来不及。

[3]逾格，破格，格外。

[4]迁，变更、变动。

之前，真理即不欲去其蒙帕[1]而使人敬拜之焉。

万人意像，乃诸疑中第一等也。盖有此名因系天下众人，或由人性之瑕疵[2]所出乎总疑[3]者。培根曰：人之慧心如镜，其面不正，故取万物与己之瑕疵互相对勘[4]，而反斜鉴[5]矣。此意像有七因，乃不觉隔阂[6]查出真理与夫振兴格致也。一，或因思天地万物皆有同形；二，或因先挟已[7]意，草率执拗；三，或因心中所猜，被物感触太重；四，或因人之心思恒动不静；五，或因情欲志向染污慧心；六，或因人身之五官行力不足[8]；七，或因所触偏爱之法。

各人意像，乃诸疑中第二等也，恒阻凡有真理识见之事。斯疑各等，即依各人之心有同然者。培根曰：斯像也，乃各人之像；因人心自逆情理以外，各有其等，折断变坏天地之光；或因本性使然也，或因习俗相杂也，或因所学之书而所钦操权之者也，或因其先挟之意而执拗之也。按，此其心在各人之中，即被摇动搅乱由物，几乎若偶然靡定[9]也。或曰，世人寻求格学在一己之寸心，而不在天地之中矣。[10]培根云：其诸难必当慎思而扫除此像。其大

[1]蒙帕，遮脸的纺织物。

[2]人性之瑕疵，Hoppus原文为infirmity of human nature itself（人性本身的弱点）。

[3]总疑，Hoppus原文为general prejudices（普遍成见）。

[4]对勘，对照比较。

[5]鉴，照。

[6]隔阂，阻隔。

[7]已，应为己。

[8]五官行力不足，Hoppus原文为the imperfection of the organs of sense（感官的缺陷）。

[9]靡定，无定。

[10]世人寻求格学……天地之中矣，此语为Hoppus引用《新工具》第一部分第四十二条中赫拉克利特（Heraclitus）的话：Men seek the sciences in their lesser worlds, and not in the great and common world of nature.(人们追求科学，总是求诸他们自己的小天地，而不是求诸公共的大天地。)

源所生，或由士人习俗考究，或由物之分合太过不正，或由古今之时偏爱不同，或由物之大小有殊也。

市井意像，乃诸疑中第三等也。其疑由人恒交而生，实因我言语之不足，故有此疑耳。考察真理之时，必当避之者。培根曰：此疑最为烦恼也。又云：因人概从愚夫之心而解诸事物，悉从常人有限之智，迨夫思益精细，视益诚实，朗[1]欲迁此有限之界而置依天地之准，其言高朗而禁止矣。[2]譬若我言太阳出没，究非太阳之出没，而实地球之旋绕也。更有诸事有仿佛者，非从言语，乃从心思与目视也。第斯言改之为难，而当变之，则可以言语而准事物焉。

士学意像，乃诸疑中第四等也。此由虚拗性理、格学振兴于宇宙间而生也。[3]中外有此式者亦复不鲜[4]，然而多属虚诬诡诈而已。斯像即为疑惑之源，更连士宦之权，故恒迷夫人心而使之为役也。则此等疑惑较上三等有不同者，乃慧心所束缚[5]，甚奇也。培根曰：斯像非心所本有，

[1]朗，明白，明确。

[2]因人概从愚夫之心而解诸事物……其言高朗而禁止矣，Hoppus此处引用《新工具》第一部分第五十九条：Words are for the most part accommodated to the notions of the vulgar, and they define things by bounds that are most obvious to common minds; and when a more acute understanding , or a more accurate observation, would remove these boundaries, and place them more according to nature, words cry out and forbid.（文字大部分是适应流俗概念而使用的，它们以对普通人来说最浅显的界线来定义事物。每当一种较敏锐的理解力或观察要改动这些界线以更合于自然时，文字就拦在路中并禁止改动。）

[3]此由虚拗性理、格学振兴于宇宙间而生也，Hoppus原文为：the prejudices and perversions of the mind arising from the fabulous and visionary theories and the romantic philosophies that so long prevailed in the world.（这些心灵的偏见和扭曲，产生于在世界上流传很久的神话、幻想理论和玄想的哲学体系。）

[4]鲜，少。

[5]慧心所束缚，Hoppus原文为intellectual slavery（思想的奴役）。

亦非私为盘绕于其中者，乃明明强入，以浮伪理学、议拟[1]诡法而收纳之。为此，必归自主之法而循理格学焉。即培根曰：有曲足而趋正路，反胜乎快足而趋邪路也。设人心试走差路，愈殷勤则愈觉其难矣。夫格学正路之准，但今所摘之法，不第[2]依夫精细慧心及奥妙高才，亦合凡人以至乎平庸最谦让者也。若但手划直线或作圆圈，不亦甚难乎？惟籍[3]夫规矩而为之，乃觉甚易也。又曰：此诸像必当永弃，而其慧心由此污秽[4]，必当全扫；因人执掌国政[5]，即在格学为基，若欲入门，与入上帝国无异，即似孩提情状可也[6]。

五百零七卷，光绪四年九月初三日

[1]议拟，指事先的考虑。

[2]不第，不但。

[3]籍，应为藉。

[4]污秽，玷污、弄脏。

[5]执掌国政，指使用上帝赋予的能力来改变自然界。

[6]孩提，儿童、幼儿。此处培根借用《马太福音》第18章第3节耶稣的话：“我实在告诉你们：你们若不回转，变成小孩子的样式，断不得进天国。”

伪学数等 〈第〉三段[1]

夫培根所著之书，上论已明言之矣，后论格学乃市井[2]所发之意像，凡有格学虚诞戏文，多为艳丽之式，即感触于人心也。盖此学分列三等：一，刁滑无稽[3]；二，不足为据；三，从鬼神异端。[4]

其一，乃刁滑无稽之词也。悉[5]属卤莽灭裂[6]，由所视所试之法亦无定察，余则留存心思，辨论而成之。希腊国亚力斯度得之学，即此式耳。虽千百余年，声名卓越，权能大行，仍属刁滑无稽而徒虚诬于人，不足恃也。盖是书仅用辨论之说，或由试行与见闻所及，如前心中定议天地之理，后试引见闻之事，悉随私意所发。如此，彼以刁诈无稽之谈，诱惑人心，乃为辨诘之辞，而非为真理之源焉。

---

[1]本部分原文不分段。

[2]市井，应为士学。

[3]刁滑，口语方言，意为狡猾；无稽，无从查考、毫无根据。

[4]这三者，Hoppus原文为sophistical, empirical, and superstitious（诡辩的，经验的，迷信的）。对于empirical，Hoppus在下文解说中指基于少数实验基础上形成的理论体系。

[5]悉，全、尽。

[6]卤莽灭裂，形容做事草率粗疏。

其二，乃不足为据之学也。即由稍些[1]试行而发，虽为之者精细微奥，而究不全矣。斯人也，只猜疑夫大地万物有四行，如前西国以水、火、气、土而成，即中国所谓五行者仿佛焉[2]。

其三，乃从鬼神异端也。斯学与教事相杂，强服于教。古时希腊国，有比他哥拉斯与百拉多二贤之学，以为模范。乃其学大半由猜疑上帝性德而成矣。近时亦有数学同然耳。惟培根曰：斯虚浮之习也，即以天事与人事杂和，乃宁抑置人心，因由此不独生学中之伪像，亦〈生〉教中之异端也。夫设格物之学，其心应防二太过之事：一执拗者，一无信者。[3]因此二者之志向恒遗诸疑，仅乘机而去之。[4]如亚力斯度得试避凡有疑惑之机，即设诸问而随私意以解之，似彼独为阐义天地之士，而后无继起者也。更有相反者，有比罗[5]士与其从徒[6]，猜疑事物，即损百拉多之学[7]，初设无信之法，以笑责古昔执拗之士。盖其前执拗之法，莫不褊窄[8]而卑微人心，后日之法必使人心怯弱而绝

---

[1]稍些，少许、一些。

[2]仿佛，差不多。“五行”之例为原文所无。

[3]执拗、无信，Hoppus原文分别为dogmalism（教条主义）及scepticism（怀疑主义）。

[4]因此二者之志向……仅乘机而去之，Hoppus原文为as these both tend to perpetuate prejudices, scarcely allowing the opportunity of their removal（这两者都会使成见长期存在，几乎不提供消除它们的机会）。

[5]比罗，现通译为皮浪（Pyrrōn，前365或360—前275或270）。皮浪是古希腊哲学家，著名的口号是“不做任何决定，悬搁判断”，被认为是怀疑主义的鼻祖。

[6]从徒，指追随者。

[7]损百拉多之学，Hoppus原文为an abuse of the school of Plato（滥用柏拉图之学），即将柏拉图本来用于取笑和嘲讽的怀疑，正面使用，以反对古代教条主义。

[8]褊窄，指心胸、风识等狭隘。如清代昭连《啸亭杂录·钱辛楣之博》：“惟所讲字书株守许氏《说文》，别解者皆遭排斥，故取择颇褊窄焉。”

望可得真理也。

上言心中之意像，被伪据及诡议[1]大为坚防也。夫言语，素所粗暴思念[2]；思念，亦素为骄泰辨诘之奴，即与耳目差谬、所感触之意相交[3]矣。由此讹意[4]，有总理所发[5]，乃有诸谬之原，更使凡格学尊名及其振兴尽灭矣。盖或有西国士人与中国羽士[6]，试以铜铁变作金银，或炼晋[7]救之药以消除疾病，且免死亡，乃谓长生之金丹也。此皆虚诞之辞，岂能获益哉！

五百零八卷，光绪四年九月初十日

---

[1]伪据及诡议，Hoppus原文为false proofs and corrupt demonstrations（错误的证据和有缺陷的证明）。

[2]粗暴思念，Hoppus原文为the tyrants of thoughts（思想的暴君），意谓语言本身的界定并不清晰，会直接导致思想出现谬误。

[3]交，交结。

[4]讹，不正确的、虚假的。讹意，Hoppus原文为ill-formed notion（不正确的观念）。

[5]有总理所发，Hoppus原文为establishing general principles（得出一般原理）。

[6]羽士，道士。

[7]晋，进。

伪学形迹 〈第〉四段[1]

培根后指伪学形迹厥有四端，以成其学之诡谲焉。

一曰乃格学之原也。若其原为假为谬，其所生者亦必如是。夫培根著书之时，凡有之学大半由希腊国士所发，其理执拗而且有辨驳之式也。溯其初，希腊士之学更觉真实，惟后人愈加骄矜，自恃聪明，而其学之原由此大坏矣。

设观古学所著之时，滔滔辨论，则无大益可望矣。夫希腊学，时有目睹耳闻之事，第以古人所识天下之大小而有限界者也。彼列传所论有前事，及其本国外民之原，大半虚渺。彼窃思有诸地无人可处，而后忽见其有众人咸集于此。彼所游行之地甚觉有限，而舟行之法亦甚觉不足也。

设观希腊士格学之功效，亦知历代之中无大修整，以增世人之礼仪[2]。虽有士从[3]化学者，略有益处，此特偶然而非所成前意也[4]；因彼所猜度之学，惟害查察真理而已。或人从术法偶值稍有作用之事，后因蛊惑而变坏也。虽此

[1]本部分原文不分段。

[2]增世人之礼仪，Hoppus原文为improve the condition of mankind（改善人类的处境）。

[3]从，参与、从事。

[4]此特偶然而非所成前意也，Hoppus原文为but this has rather happened by accident than been produced by design（但这是偶然发生的，而不是设计出来的）。

人有虚渺等意，究查诸物，今可获益。

设见格学若有所前行而修整之，即可为真据矣。惟至清初[1]，曾历二千年，诸学几止而不行，或宁振兴于古昔而后衰败之哉。尝观比他哥里贤士之天文[2]迨至丹国哥白尼古士之时为准也。

且所作格学之士，其学悉属虚浮而无功效，即为印证。虽彼言天地之理有壮瞻执持之形，或时见彼若有绝望之心，责备事事物物幽暗而无明解，一无定凭。由此有格致之士，彼疑万端而陷众人于蒙昧无信之渊。

且培根曰：列古士之间，大不相和而偏相反也，即可见由耳目通至理性之路不全预防，因格学一事即分裂于诸谬；故希腊人所生之意见，皆无坚固恒久，亦无查一定之规矩也。

爰溯明季，或思众人会意[3]在亚里斯度得士之学，即为真实之据，然而伪矣。因亚力斯度得与百拉多二士之道，其振兴之故，独超出乎一概文学，即被凶敌霸侵，罗马统国尽衰而致也[4]。但以上言会意，只偶然而为之，宁谓逢迎；非因人甘从理性、终归会意，只乃疑惑之事，若奴服

[1]惟至清初，Hoppus原文为up to the seventeenth century（直至17世纪），相当于清初。

[2]比他哥里贤士之天文，Hoppus原文为Pythagorean astronomy（毕达哥拉斯学派的天文学）。

[3]会意，Hoppus原文为consent（同意，赞同）。

[4]因亚力斯度得……尽衰而致也，Hoppus原文为：for the prevalence of the doctrines of Aristotle and Plato was greatly owing to the accidental circumstance of their being preserved from the general wreck of human learning, which ensued on the of the barbarous nations into the Roman empire（因为亚里士多德和柏拉图学说的流行，很大程度上归结于野蛮民族对罗马帝国的侵略而带来的人类学术消沉，它们被保存下来是偶然情况）。

操权者之名而生也。[1]盖斯时流通之学之理，不甚宜乎其为真实，若见其原、其果、其兴、其作者所识与因众人之会意，皆足印证其为伪矣。

五百零九卷，光绪四年九月十七日

[1]但以上言会意……操权者之名而生也，Hoppus原文为：Besides, such a consent as that which is supposed, if proved to be ever so little founded on accident, would better deserve the name of obsequiousness ;not being the result of a free exercise of men's judgments, all centering at last in the same conclusion, but the offspring, as it is evident, of prejudice, and an abject vassalage to the authority of names.（此外，这种所谓的同意，如果被证明很少有意外的话，那更应该称之为谄媚。这不是人们经自由判断而最终归于一致的结果，它显然是后代的偏见以及对权威之名的苟从。）

格学差谬诸因〈第〉五段

培根所著《格学新法》一书，乃论格学差谬诸因也。其第一因，盖历数千年之中惟不多时而成格学查察之事。设一美喻而取譬之，若久为广大之荒区，即显历多时，则格致之学全无发生矣。稽古六百载，在培根生前，可度人心只如寒冬，斯时黑暗，甚可摸索耳。溯耶稣后千载，约至千六百年，悉属卤莽昏蒙者，如人每值暇时闭关寂坐，似居冥域[1]，仅射一线之光，由独库中出，通至于外，与人共交，以修整礼仪。而稍有新制之物，俾人便益，较之今时其妙用则日新而月盛矣。

且人尽弃其格学，即为慧心寤寐[2]之故，又使不能振兴格学正法。夫才之最高者，或诱望沾利，或喜耽[3]猜疑，尽厥心力，辨论教事[4]，如昔罗马国人潜心系乎政事。斯时格致与几何之学乃为心所习练之根，而失格致本然之用。在昔希腊国人中，有精通性理之士名索克拉的斯，甚引人心弗察天地万物也。盖我侪识见所揣之本与所测之原，即欲范围乎心中之功用，恒归于可见、可闻之事，悉屏弃之。

[1]冥域，昏暗的地方。

[2]寤寐，睡梦。

[3]耽，沉迷。

[4]教事，Hoppus原文为a scholastic theology（经院神学）。

有人揣度之意，任其游往，囿于虚空浮气之境。此非由天地所生，乃由一己所生也。

推之或有人喜探天地之事，只有一人殚其心、竭其虑考索此事，惟所求非为格学之故，乃为别业之役矣。彼所习者，如束缚于足下，其学不顾诸学之本，此因屹然独立，无奈太多矣，即如所树之柳，试以分干离根也。[1]

夫格学之真末[2]，培根曰：此末是使人生富足，以有用之艺与新制之物。惟格学士自欲为教士，是所最要者愈振其名，操权人心，或得别有私事。凡低小之的，核次为首[3]，反有真理，无变无易，当喜悦而寻究之，惟因己故，即如月蚀，或如测影也。[4]

倘若其末为真，其法为误。夫新法一书，第论要者，故当明言之。我侪须忆探索真理者，若有不循理之法则，徒然费力矣。培根曰：凡事留于遗传之幽暗，反覆辨论，若头晕然，又若偶然浪冲曲折及空奥不明之见闻。向者所闻之事，只知他人于此事如何思、如何言，乃诸人所收者与己渺茫猜度杂加于〈其〉间。噫！此法惟能遗下，又恒

[1]其学不顾诸学之本……试以分干离根也，Hoppus原文为：Nature was not regarded as the parent of the sciences ; and these, by standing too much alone, resembled the branches of a tree attempted to be kept alive separated from the root and the trunk.（大自然不被视为科学的母体。诸科学过于独立，就像一棵树的树枝企图离开根、干而生长。）

[2]真末，Hoppus原文为the true end（真正的目标）。

[3]的，目标。核次为首，将次要的核定为首要的。

[4]凡低小之的，核次为首……或如测影也，Hoppus原文为：Almost every kind of inferior aim was by turns the lord of the ascendant, while truth, immutable, unalterable truth, loved and sought for its own sake, was eclipsed, or cast into the shade.（几乎所有的下等目标都轮番掌控着先辈，然而因它自身而值得爱和寻求的不变不易的真理，被遮蔽了，或被抛入阴影之中。）

传差谬。如此，真理若囿乎迷楼[1]之间焉。

向来人心蒙昧，执敬古时，亦钦佩大名者。此事甚合慧心、人之柔弱，亦是黑暗时之奇迹也。有格士所言，几为独一阻谬之方、真理之柱也。培根反曰：真理乃为宜时之嗣，非为操权之嗣也。[2]意惟历久及忍耐，可与见闻与试行之机，即识见当置之基也。或曰，人宜谦逊而查察万物。斯言钦敬，若敬鬼神而敬之然。虽此言人不知其意，而自亦为无理也。惟欲人大方查察万物，可证真理。所言格学，第信而无考，只谓怠惰。若不合乎人才，只随会意而成，使心似寤寐，渐渐刚愎，若铁锈然，至终即不能查察天地，而使蒙昧与差谬如链束缚之也。

五百十卷，光绪四年九月廿四日

[1]迷楼，Hoppus原文为labyrinth（迷宫、曲径）。

[2]Hoppus引用《新工具》第一部分第八十四条中的话：Truth is justly to be called the daughter, not of authority, but of time.（真理应正确地被称为女儿，不是权威的，而是时间的女儿。）

续《格学差谬诸因》〈第〉五段

上卷[1]所云誉美宏名操权者，今言誉美久有之工，即若日耀于目，乃大阻格学之振兴矣。培根曰：此事于工艺所新制者，足以彰明之。我侪宁止虚誉所成，又玩于人力所作之富，既不思我等略有振兴收束外物，亦不思更有广大之区寓于目前也。凡有工器，理法清楚，悉可归于本然稍些之例。譬若自鸣钟见行于面者，一若似众星之旋绕，一若似人物之脉动，准时而行分秒不差，究其微理妙用，乃赖地球牵引之力而使然也。设古人见今人所制之新器有何奇思？有何妙义？只此新事悉由天地功用广开而相触矣。培根于斯书所言之事，即论见识被阻之因，业为反敌[2]，因在西国相继历代新造之物其少，概见格学无有盛行而不应

[1]上卷，指《万国公报》五百十卷。

[2]业，已经。“业为反敌”，已经成为反对的敌人。培根意指人们看到已取得的事功很大，因而赞赏不已，很少感到他们的不足，因而缺乏向前探索自然的动力。这样，人类的事功反而成为科学发展的障碍。可参见《格致新机》第八十五条。

有虚誉者矣。[1]

夫世间蒙昧差谬更有大因，乃格士迂阔，习俗诡谲，居然自逞口才，宏辨高谈，多方计较，使俗民反误于聪明者也：今第振乎文学，而无他事可兴，则真理于是乎阻矣。[2]必当于庶民之中，日辟其聪明而日散夫蒙昧也，此固有不期然而然者矣[3]。

古之格致之学大谬，执于人心，因今数人聪明自诩，亦只夸张而已矣。培根初行新法，亦遇诸艰，以试世人之潜心学力，更善夫有理之法，如指人益明金石之类，又更晓风象与天气及人长寿之法。彼责人假冒欺诈延年益寿，并慰诸疾、医愈五官之怯[4]，举高才志，化俗物而为宝物，星宿明证预显后日秘妙之事。盖真实列传，知人所信者乃

[1]培根于斯书……者矣，Hoppus原文为：The causes of retardation in the improvement of knowledge, dwelt on in this part of Lord Bacon's work, have certainly been counteracted, in our time, by that rapid succession of inventions which has marked the increase of the sciences, though, in other respects, there would be much more to foster the complacent admiration he speaks of.（培根在著作这部分详论的知识发展缓慢的原因，在我们的时代无疑已经被作为科学进步标志的系列迅猛发明所抵消了，但在其他方面，可能还培养了更多他所说的自满虚誉。）

[2]使俗民反误于聪明者也……乎阻矣，Hoppus原文为：so as to inspire the vulgar with a profound idea of their wisdom, and to leave the impression that the sciences were exhausted by their learned labours, and nothing remained now to be investigated（他们用理智建构的深刻思想来激发粗俗的人，并给人留下一个印象：科学已被他们精深的著作研究详尽，已没有剩下什么东西需要被探究了）。

[3]不期然而然，没有想到这样但竟然这样。必当……者矣，Hoppus原文为：The only cure for this evil is the general diffusion of knowledge among all classes of society, which is, most happily, a leading feature of the present illustrious times.（解决这种弊端的唯一方法就是在社会各阶层中普遍传播知识，这是当今辉煌时代最令人愉快的一个主要特征。）

[4]并慰诸疾、医愈五官之怯，Hoppus原文为the relief of pain-cures for the deceptions of the senses（使人减少病痛，治疗感官的欺骗）。

妄诞无稽伪书，故有大谬之意隐没不彰，臆度斯事殊觉渺茫无凭，即暗定于古时执拗之言耳。[1]

培根曰：人多胆怯而且惰怠，往往囿于有限之事，而封为新制工艺之名，反从旧略为改作而已。斯亦阻格学之振兴矣。

但有至猛之事，即阻知万物，乃在人从鬼神异端与教事互参，即为最难者也。古时希腊国有人试考迅雷历[2]风之原，乃即定罪，诉为鬼神之对敌；又人谓地圆如球，有人在对面，彼足与我足上下相对，即被人重为责备也。如新造千里镜士，名加力略，囚罗马狱，因言地球自转本轴，彼因此而受刑三年。[3]盖古时格学与教事互相参订，即结斯果之大原也。

又有格学会之规条[4]，亦多阻识见前行。在欧罗巴学宫、学塾之中，有修整格学之事，如烙印新事[5]，令人惊怖其逆真理之意。设有敢自主议论何事，则不可望人勉励；如彼坚定独立，如冒险而失名利。凡事阻，一定之规平正

---

[1]盖真实列传……古时执拗之言耳，Hoppus原文为：Thus, as real history may sometimes have suffered in its credit from fiction, and there are some who would consign the conquests of Julius Caesar to the same scale of probability with the fabled exploits of Arthur of Britain, or Amadis de Gaul, so the spirit for great designs has been quenched by the dread of what might prove chimerical and romantic, and men have been contented to repose in the solemn and received dogmas of antiquity.（这样，正如真实的历史有时也会因虚构的想象而有损可信性，有些人会将恺撒大帝的征服与传说中英国亚瑟王或者高卢的阿马帝斯的功绩相提并论一样，大设计的精神已被证明为空想和浪漫的恐惧所遏制，人们已经满足于止息在严肃和被认可的古老教条中。）

[2]应为厉。

[3]伽利略因发表《两大体系的对话》支持日心说，而被罗马宗教裁判所裁定囚禁三年。按Hoppus原文，是每周重复诵七首忏悔诗一次，持续三年。

[4]格学会之规条，Hoppus原文为the customs of learned societies（学界的惯例）。

[5]烙印，疑为“刊印”，即发表新发现、新想法等。

通达，既不偏于左，亦不偏于右也。盖人怀才，欲试有路可行，而究未能大行矣，因为疑惑之事重压于下。窃虑至今犹存，惟要遵夫古制，循乎习俗，非欲大为开新而振兴格学也。

培根曰：格学时凡有力整顿，嘉惠奚有哉！夫加增聪明之志，由君子竭力而成，惟酬劳苦，只在俗民之手耳。且褒奖之词亦不给，因才飞高，迥逾寻常，则俗民所不能接，亦因所胜之诸疑，即不顾也。[1]

至终格学囿于役中，致绝望得成之意，又思竭力作工而竟无能为矣。

以上诸因，培根新著之书所谓，即人趋向见识与格学乃为恒有差谬、模糊之大原焉。

五百十一卷，光绪四年十月初一日

[1]因才飞高……即不顾也，Hoppus原文为：since the flights of elevated minds are above the reach of the crowd, and are disregarded through the force of prevailing prejudices（因为高明的思想超出了常人的范围，并且由于流行的偏见力量而被忽视）。

格学振兴〈有〉希望之基 〈第〉六段

夫著书者后论格学振兴有希望之基，如古圣云：末期既届，众将往来，益其识见。[1]观今时中外相通，普及万国，古圣之言应矣。由此可望格学之振兴也[2]。

倘我见前之差谬，亦可冀其修整也。古有雅典士[3]，勉励本籍人民不必碎胆惊心攻击对敌，虽前衰败，即可为后胜之兆，因前怠惰使然；若往日之殚心竭力而独不得成，则可失望矣。今论格学，设有人曾行正路而不接到，无法也；但人舍其正路，不能相接，必当归于正路，自然得意。格学真法如蜂作工，即飞翔乎稻田花园之间，采取料作[4]，由本力融化，酿成甜蜜。培根曰：格学之料，由万物中慎而集之，先在慧心中融化而包涵之，不仅空取其料，由万物试行之工所集者，而刻于记臆[5]之中。由此可望格学必当振兴，因其试行之工与心中之力相合，乃前所分离者

---

[1]此处引用《旧约·但以理书》第12章第4节，和合本译文为：直到末时，必有多人来往奔跑（或作切心研究），知识就必增长。

[2]此段为译介者添加。

[3]雅典士，Hoppus原文为Demosthenes（德摩斯梯尼）。德摩斯梯尼（前384—前322），古雅典雄辩家、政治家。

[4]料作，上海方言，指各种材料，如布料、木料等。

[5]记臆，Hoppus原文为memory（记忆）。

也。在希腊学塾，格物事与外杂事交和，独有清疏[1]亦所未闻耳。如亚里斯度得有辨论之道而变坏之，亦有彼拉多士杂鬼神异端同然。后更有士[2]谓格学即从数学而出，但数学非生格学，即当终成。故人归至格学有清疏无杂者，即更为希望之原焉。

著书者又言，可望有格士精奥之才，自可放瞻充足，以离去久遗俗论；斯时此等人还未有也。盖培根殁后，未几有钮敦者出，声名宏大，早播于环区[3]，如日照地，从渺茫虚诞之习，渐成真理真光。彼所指者，如彗星之道，从远测量者可知矣。

设考察万物者，若欲更美，当系万物纲目[4]与试行之工，乃笔于书，即可希望大益。向者万物之事，就俗人所言，其基惟在懒于见闻与谣言惑众而已，悉用以巩固格学，贯通全意。凡论天地之事，几若杂而不清，则细加勘考，实事试行，可望获益。培根所著之书亦稍有此等纲目，惜乎真伪互见矣。

若有试行工艺广而且多，更潜心此事，可希有益作工者。窃思己工卑浅，究系查出夫真理也。但若欲修整，必当试行，虽不即见乎利，而又增我智识也。

培根曰：当以推论之法，加于所集见闻之事。其意乃我所趋向欲得知识者，从稍些之事，即当辨论归于大总之理，由此可有大望矣。若欲成此法，则格学之料宜悉笔于

[1]清疏，即清朗、疏朗。

[2]Hoppus原文指新柏拉图主义普罗克鲁斯等（the second school of Plato, Proclus, and others）。普罗克鲁斯（Proclus，410—485）是希腊数学家，新柏拉图主义信徒，担任过新柏拉图学园的教师、负责人。

[3]环区，天下、世界。

[4]纲目，Hoppus原文为history of nature（自然史）。

书，而渐成公论，以助心臆。若欲成此法，当由万物纲目陈列实事，更觉罗罗清疏矣。从此纲目，宜有公论详细而成，由略端而归赅论也。[1]夫有人炼金烧丹等时，偶然足用之事查出也，若勤慎循法，可望新制更多而且便易；若人谨慎聪明，可寻求得，非若模糊偶然之法而忽焉得之矣。

五百十二卷，光绪四年十月初八日

[1]从此纲目……而归赅论也，Hoppus原文为：from these tables axioms, or general principles, should be carefully formed, gradually rising from the less to the more general（依据这些表格，公理或一般原则需要细致形成，逐步从低级上升到较高级的普遍）。

续格学振兴有希望之基 〈第〉六段终

夫事未料之前而查出，为亦[1]希望之基耳。此事若有人预言者，即有轻而忽之曰：难为哉！譬若火药未曾查出之前，若有人曰“有法可攻城垣，击破营垒”，或思此事，惟以恒用之器，更加其力可成之。惟培根曰：无人想及，必有发火之气吹，有猛烈亦未得见之式，只在暴风、迅雷、地震摇撼，岂人所能效法哉？古人若见火气冲出大筒，依今所用，当为奇妙。此言亦系多有便用之事，如蚕吐丝然。指南针未创之前，若有人曰：有一器将要显明，即在沧海，又在黑夜星月全无之际，而能细指方向，其器正足用也。在他物亦然。或曰：此事我不信也。由已信者，希于万物之间余下有物获益于人，较今所制者有不同，如铁路、水雷、电线，甚多也。

更有制造之物在其目前，因为无法，故不易见。虽火药、蚕丝、指南针、糖、纸等物，乃依万物本然之性而成；更有工艺，如字镌于木为明晓，人力易成，究历代所未有也，因不识其法耳。为此，有希望格学修整，不独赖于未知天地之功用而后可以查出，亦赖于我所发之力，即谓聪明练达也。

[1]为亦，应为亦为。

培根又思，久将才高利息[1]潜心于无益之事，如术艺、星气、象数等事，若此劳瘁[2]稍用于正事、正法，可冀大有功效。特有广大而殷勤以成本草纲目[3]与试行列传，乃国家捐费，即为大望之原也。

培根指出己之行事，即证人之见识可增而修整之，以免人绝望。彼指己典型[4]，非欲虚誉，特为有益之故，因其行政事逾乎人也。

按，培根官至刑部尚书，是年亦著新法一书[5]。久患疾病而无人扶助，幸领未行之路，以指后人步趋之法。况乎暇人之用工，相辅而成，希望何如者？各人所行，依乎各事，不数年必有机会，至终可成。又云，虽彼所望格学振兴其基略减[6]，究人无用新法以查察之由，故必定行，子可望获益；若反之，则绝望矣。苟不专心致志于格学，即引蒙昧差谬之路而辱人心之尊贵焉。

五百十三卷，光绪四年十月十五日

---

[1]利息，利益、收入。

[2]劳瘁，劳累辛苦。

[3]本草纲目，指培根在《新工具》书提议的纲目分类。

[4]典型，模范、标准。

[5]此处有误。培根1618年担任英国大法官，《新工具》出版于1620年，相差两年，并非“是年”。Hoppus原文未明确说是培根在任英国大法官的当年出版。

[6]其基略减，Hoppus依据《新工具》第一部分第一一四条的“由新大陆向我们吹来的希望的风信即使是较其实际为微弱而难于觉察”，认为培根暗示推进科学发展的希望比他认为的要低一些。

后　记

由我来整理校注本书，出于偶然。

我由于承担中山大学西学东渐文献馆、广州与中外文化交流研究中心的部分事务工作，大概在2015年底就知悉周伟驰、姚达兑等老师在筹划整理晚清西学书籍，计划分几辑出版。我一直从事中国近代思想史研究，阅读近代思想家的各类著述时，经常看到各种西学书籍的名称，很想读读这批著作，以便进入他们所身处的思想世界。可是，尽管这些西学书籍当时发行量不少，影响不小，但世易时移，它们现在大多散落在不同地方的图书馆或档案馆，被珍藏起来。想要找到它们并非易事，不仅需要旅资，而且还要面对各种规章制度。如能将它们整理校注出来，对从事中国近代研究的人而言无疑是一件大好事。出于自身研究的感受，我非常赞成这一计划，但也深感其落实不易。首要的是召集一批志同道合者分工合作，但按照现行科研制度，整理校注书籍是一件吃力不讨好的事，基本不算工分。其时我也疲于应付眼前的事务，更愿意坐观其成。幸运的是，他们已经邀约到一批青年学者，已落实好第一辑的整理工作。

2017年下半年，姚达兑老师突然发邮件给我，希望我能参与计划，负责整理一本。我当时回复未整理过书籍，要先看看具体文本，确定是否在我能力范围之内。姚老师很快回邮，告知他们缺哲学背景的整理者，向我推荐了一本晚清的哲学译介，并随邮附上了周伟驰老师从国外带回来的《格致新机》扫描件。我读过培根的《新工具》，大略浏览了一下《格致新机》。当时最吸引我的，是它篇幅不长，只有几万字，我自信不须花太多的时间就能完成，随即答应下来。当着手整理而查找相关文献时，发现情况远比我想象的复杂，颇后悔当时不知从哪儿冒出来的自信。首先面临的是校注底本问题。周伟驰老师的扫描本是《格致新机》初刻本，但此书还有重印本，需要找到重印本作为校注的基本文献，而且慕维廉还在《益智新录》《格致汇编》《万国公报》等刊物上发表过相关译介，需要找到，以便对照整理。其次，更麻烦的是需要找出慕维廉和沈毓桂的译介底本，这样才能把握译介与底本之间的离合问题。于是，找寻文献花了不少时间，再加上其他事务需要应付，整理工作断断续续，一晃就两年多过去了。

现在能完成整理慕维廉对培根《新工具》的译介，得益于多方相助。钮则圳博士辗转为我找到了《格致新机》重印本；祝美玉和段佳岐两位硕士，以及吕飞跃博士帮助校对了全书，祝美玉还协助查找到部分资料。同时，也得到了家人的谅解和支持。在此一并致谢！

由于学力及时间所限，本书错漏在所难免，请方家不吝批评指正。

2020年3月于广州